Ein beid[...]
freundschaf[...]

Verbunden zeit —

1. Juli 1919

[signature]

Hans Weigel
Das Land der Deutschen
mit der Seele suchend

Hans Weigel

Das Land der Deutschen mit der Seele suchend

Bericht über eine ambivalente
Beziehung

Artemis Verlag Zürich
und München

© 1978 Artemis Verlag Zürich und München
Printed in Switzerland
ISBN 3 7608 0481 0

... wenn ... das Eis aufg'hackt
wird vor dem Magazin der Erinnerung ...

JOHANN NESTROY: *«Einen Jux will er sich machen»*

Bayerisch Eisenstein

«Jetzt sind wir also Deutsche.»

Ich höre meine Mutter, ihre Stimme, ihren Tonfall, über mehr als ein halbes Jahrhundert herüber, ich sehe sie vor mir, sie und das Morgenblatt der «Neuen Freien Presse», das die Entscheidung der neugegründeten Republik Deutschösterreich bekanntgab, sich als Bestandteil der neugegründeten deutschen Republik zu betrachten.

Jetzt sind wir also Deutsche. Das «eu» klang ein wenig nach «ei», aber der Satz war nicht despektierlich, nicht feindselig, ein wenig erstaunt vielleicht, ähnlich in der Stimmung wie ein Bräutigam, der sich die Heirat zwar gewünscht und alles für ihr Zustandekommen getan hat, angesichts der vollendeten Tatsache und einer bevorstehenden Lebenslänglichkeit vor sich hin sagen mag: «Jetzt bin ich also verheiratet.»

Wie konnten wir aber im November 1918 «Deutsche» werden, wenn wir schon längst «Deutsche» gewesen waren?

Man muß diese Zweischichtigkeit immer wieder zu erklären versuchen und wird sie doch nie begreiflich machen können. Man wird mit der Vieldeutigkeit der Bezeichnung «deutsch» in den Jahrhunderten nie fertig werden.

Ich war zehn Jahr alt, meine Muttersprache war deutsch, ich war als Untertan der Habsburger in der österreichisch-ungarischen Monarchie für meine ungarisch-, polnisch-, tschechisch-, slowakisch-, slowenisch-, kroatisch-, italienischsprachigen Landsleute ein Deutscher. Man schimpfte mich nicht «Österreicher»; dieser Begriff war staatsrechtlich verschwommen: Österreicher waren alle, die nicht zur ungarischen Reichshälfte gehörten. Wir Deutschsprachigen waren eine privilegierte Minderheit, aber trotz unseren Privilegien mit dem Rücken zur Wand stehend. Ein politischer Fachausdruck nannte uns die «Deutschen in Österreich». Wenn ein Tscheche sich über uns beklagte, nannte er uns «die Deutschen». Wenn wir aber sagten «die Deutschen», meinten wir jene, die eben, 1918, ihre Kaiser, ihre Könige und anderen Fürsten entthront hatten.

Wir hatten gemeinsame deutsche Kaiser gehabt, als letzten den Habsburger Franz, der auf die gemeinsame Kaiserkrone verzichtet hatte.

Wir hatten 1866 einen Krieg gegen «die Deutschen» geführt, weil wir uns an sie anschließen wollten. Doch Otto von Bismarck wollte uns nicht in seinem geplanten Deutschland. Wir wurden bei Königgrätz geschlagen, und Bismarck gründete 1871 sein Reich ohne uns. Wir waren unter den Habsburgern Meister der Verwaltung und politische Selbstmörder.

Die Deutschen hatten uns nicht nur auf dem Schlachtfeld besiegt, sondern auch durch die Heirat unseres Kaisers mit einer bayerischen Prinzessin aus dem geistig defekten Haus Wittelsbach heimgesucht. Sie schwärmte für die Ungarn, und drum machte der unselige «Ausgleich» ihnen übermäßige Konzessionen. Die «Deutschen» in Österreich wurden wegen dieser Bevorzugung eines zweiten Herrenvolkes von den slawischen und italienischen Untertanen mit Recht gehaßt – die zentrifugalen Tendenzen blühten, Irredenta im Süden, Schwejk in Böhmen.

Längst waren den Slawen ihre Gemeinsamkeiten bewußtgeworden, längst hatte Italien sich als Nation fühlen gelernt. Und wir begannen 1914 einen Krieg, wir beschworen ihn herauf, in dem Slawen gegen Russen und Serben, bald auch italienischsprachige Österreicher gegen Italiener kämpften.

Die unbeirrbaren Freunde Habsburgs preisen es als Rechtfertigung und Bestätigung der Monarchie, daß ihre Armee funktioniert und sich, ihrer paradoxen Situation ungeachtet, militärisch mehrfach bewährt hat. Daß der Krieg aber verloren werden mußte, war – wenn nicht vom Anfang an, so doch alsbald klar. Auch Franz Josef hat es gewußt. Der letzte Kaiser Karl, eine Figur von tragischem Format, eine Grillparzer-Natur des «Zu spät», Carolus Augustulus, hat alles getan, um ihn zu beenden. Aber die Deutschen ließen ihn nicht. Österreich hatte angefangen und durfte nicht aufhören.

Lenin und Hitler wurden im Juli 1914 als säkulare Plagen der Menschheit am Ballhausplatz in Wien schuldhaft herbeigerufen.

Wir hatten uns zu diesem Zweck mit dem kaiserlichen Deutschland verbündet, ferner mit der völlig verrotteten Türkei und mit Bulgarien.

Als der Krieg ausbrach, war ich sechs Jahre alt. Wie es vorher mit den in Österreich so genannten Reichsdeutschen gewesen ist, weiß ich nicht. Von Beginn der Schulzeit an wurde ich vier Jahre lang politisch beeinflußt, sogar in einer von Sozialdemokraten geführten «Freien Schule». Im November 1916 hatte ich einen Nachruf auf den verstorbenen Kaiser zu schreiben; und so schrecklich ist die Macht der Klischees, daß ich ihn in meinem Aufsatz als «Friedenskaiser» rühmte. Das war die vom Lesebuch vorgeschriebene Lehrmeinung.

Ich stand, als der Krieg ausbrach, mit meinem Patriotismus in Österreich nicht allein. Eigentlich war nur Karl Kraus von Anfang an gegen den Krieg, hat nur Arthur Schnitzler konsequent und beredt geschwiegen. (Und Alfred Polgar publizierte mutig skeptische Feuilletons.) Eine Anthologie der Schande sollte alle Dokumente unserer literarischen Kriegsbegeisterung von damals sammeln und zur österreichischen Pflichtlektüre bestimmen. Dann wird man vor soviel freiwilliger Selbsterniedrigung die späteren Bekenntnisse zum Nationalsozialismus anders beurteilen.

Denn zwischen 1914 und 1918 wäre Widerstand nicht so lebensgefährlich gewesen wie seit 1933.

Aber das ist nicht mein Thema diesmal, es drängt sich mir nur immer wieder auf, ich kann es nicht oft genug sagen und schreiben.

Mein Thema ist diesmal unsere Beziehung, nein: meine Beziehung zum Land der Deutschen.

Ich weiß, daß ich 1915 zum erstenmal im Ausland war,

in der Schweiz, also habe ich gewiß vor 1918 keine Deutschlandreise unternommen. Und doch bin ich schon als Kind oft in Deutschland gewesen. Vielleicht haben die ersten Begegnungen meine Beziehung entscheidend geprägt.

Meine Großeltern lebten in Eisenstein (später Zelezna Ruda), einem kleinen Marktflecken im Böhmerwald, drei oder vier Kilometer von der böhmisch-bayerischen Grenze entfernt, knapp an der Wasserscheide; ein kleines Gewässer namens Regen entspringt hier und fließt der Donau zu. Das Dorf ist sehr böhmisch, die Einwohner sprachen alle deutsch. Das war damals kein Widerspruch. Erst später siedelte die CSR hier viele Tschechischsprachige an.

Eisenstein hat (hatte?) eine freundliche Zwiebelturmkirche und ein Denkmal des Kaisers Josef II. Er war für Toleranz. Drum verehrte man ihn in Böhmen. Ich möchte schon deshalb Eisenstein nach vierzig Jahren wiedersehen, um zu schauen, ob der tolerante Kaiser dort geblieben ist, und zu fragen, wer ihn entfernt hat, die demokratische Tschechoslowakei, die «Sudetendeutschen» oder die Deutschen oder die demokratische zweite tschechoslowakische Republik oder die CSSR. Das Regime Dubček hatte leider kaum Zeit genug, ihn wieder aufzustellen.

Die Umgebung von Eisenstein ist wie von Adalbert Stifter gestaltet, obwohl sein Böhmerwald sich nicht hier, sondern weiter südlich befindet. Herrliche Wälder sind hier, romantische Seen: der Schwarze See, der Teufelssee, der Arbersee.

Ich erinnere mich an alle drei – wir waren in allen Sommern bei den Großeltern –, ich sehe die drei Seen von damaligen Spaziergängen vor mir.

Der Arbersee liegt in Bayern, am Fuß des Arber, der sich als völkerverbindendes Symbol anbietet, weil er als höchste Erhebung eines Gebirgszugs namens Böhmerwald in Bayern liegt.

Ich war oft am Arbersee, die blauweißen Kähne haben Eindruck auf mich gemacht. Ich weiß, daß man auf dem gebahnten und markierten Weg zu ihm keinen Hinweis auf eine Staatsgrenze gemerkt hat.

Die Bahnlinie nach Eisenstein, von Pilsen ausgehend, fährt auf der letzten, ansteigenden Strecke durch damals «deutsches» Gebiet und überwindet die Wasserscheide des Spitzbergs durch einen langen Tunnel. Dann kommt bald die Station «Markt Eisenstein», wie so viele böhmische Bahnhöfe weit außerhalb des Orts. Dann senkt sich die Strecke sanft abwärts und endet bei dem sogenannten Grenzbahnhof, der auch «Eisenstein» heißt. Dieser wurde gemeinsam von den österreichischen und bayerischen Bahnen betrieben und verwaltet. Von hier aus fuhr man auf der bayerischen Seite eine anfangs wunderschöne Strecke: über Zwiesel, Regen nach Deggendorf und Plattling (an der Strecke Passau–Regensburg).

Der Übergang von Österreich-Ungarn in das Deutsche Reich war hier am Bahnhof und auf der Straße ebenso unbehindert wie im Wald.

Mit Wien und seiner Umgebung vertraut, an Böhmen gewöhnt, kam ich hier zum erstenmal nach Deutschland.

Die Sprache schien mir nicht fremd, aber anders, saube-

rer, heller. Auch der kleine bayerische Ort schien sauberer, freundlicher, bunter, zivilisierter. Alles hier wirkte so
freundlich wie die blauweißen Kähne auf dem Arbersee.
Wir kauften Nürnberger Lebkuchen. Den hatte ich nicht
gekannt. Die Züge, die von hier nach Plattling fuhren,
schienen gleichfalls sauberer als die Züge, die aus Pilsen
hierher kamen.

In Böhmen setzte man sich, wenn der Zug voll war, in
die zweite Klasse und gab dem Kondukteur ein Trinkgeld.
Derlei schien in Bayern undenkbar. Die bayerischen Züge
hatten Waggons vierter Klasse, das kannten wir nicht, das
war erregend, auch die Form dieser Waggons: jedes Ab-
teil hatte eine eigene Türe direkt ins Freie.

Ich erinnere mich auch an einen negativen Zug des sonst
idealen Bildes. Ich war Markensammler, ich wollte eine
Karte mit bayerischen Marken aufgeben. Das vorgeschriebene Porto betrug, glaube ich, acht Pfennig. Ich wollte
eine Fünf-Pfennig- und eine Drei-Pfennig-Marke auf die
Karte kleben. Die Verkäuferin (nicht im Postamt, sondern
in einem Kramladen) meinte: Das geht doch nicht!

Als Sieben-, Acht-, höchstens Neunjähriger fühlte ich
mich der erwachsenen, freundlichen, sauberen Verkäuferin überlegen. Aber ich übertrug ihre Beschränktheit nicht
verallgemeinernd auf das deutsche Volk.

Wären doch die Gestalter Europas nach den Kriegen
vernünftig gewesen wie ich kleiner Bub! Hätten sie mich
Versailles und Jalta und Potsdam entwerfen lassen!

Franz Molnár sagt irgendwo: Die Weltgeschichte ist so,
wie der Kleine Moritz sie sich vorstellt. Das stimmt nicht

immer und überall. Ich Kleiner Moritz aus Wien hätte es besser getroffen als Clemenceau, Lloyd George, Wilson, als Churchill, Roosevelt. Nur Stalin hat seine Sache gut gemacht, denn er war überzeugter Stalinist.

Die Friedensmacher von Versailles und erst recht von Jalta und Potsdam haben verallgemeinert. Sie haben «die Deutschen» und (nach dem Ersten Weltkrieg) «die Österreicher» bestraft. Wilhelm und Ludendorff, Himmler und Streicher, den alten Kaiser und den Grafen Berchtold, Seyß-Inquart und Eichmann haben sie gemeint, und deren Opfer, zum Beispiel mich, haben sie verallgemeinernd bestraft.

Daß die Monarchien gestürzt und Republiken ausgerufen wurden, habe ich hingenommen, aller zwangspatriotischen Erziehung zum Trotz. Denn das hing mit dem Ende des Kriegs zusammen. Meine Mutter liebte zwar den Hofklatsch, wußte aber auch respektlose Witze über das Kaiserhaus und war vermutlich republikanisch. Sie nahm mich Zehnjährigen am 12. November 1918 mit auf den Ring, als die Republik ausgerufen wurde. Mein Vater war seit 1915 in russischer Kriegsgefangenschaft. Rund um mich sehnte man seine Rückkehr herbei.

Mit dem Zusammenbruch der Monarchie war für mich nichts zusammengebrochen. Ich nahm hin, sehr interessiert, aber noch nicht kritisch, was sich vollzog. Das Kriegsende versprach die Rückkehr meines Vaters. Man sah bald italienische Soldaten in Wien, sie kamen uns in ihren opernhaften Uniformen komisch vor, sie waren nicht beliebt, wirkten aber auch nicht wie Feinde. Die Amerikaner traten vor allem in Erscheinung, indem sie «Ausspeisungen» für unterernährte Wiener Schulkinder einrichteten.

Und die Deutschen?

Ich war glücklich gewesen, daß ich ein Deutscher hätte werden sollen.

Ich hätte mit Ja gestimmt: für das saubere, helle, freundliche Bayerisch Eisenstein.

Furtwangen und Furtwängler

Aber man ließ uns nicht.

Was uns 1866 ein Krieg verwehrt hatte, wurde uns jetzt von den Siegern verboten. Unser Staat mußte allein bleiben und durfte sich nicht einmal «Deutschösterreich» nennen, obwohl er sozusagen nur von Deutschsprachigen bewohnt wurde.

Ich war nicht der einzige, der das bedauerte.

Rund um mich war's nicht so, daß man hätte patriotisch werden können:

Alsbald wurde die Republik (die man kaum je so nennen hörte) Schauplatz wüsten und unguten Parteihaders. Die «Schwarzen» übten nach einer kurzen Koalitionsära die Macht im Staat aus, der rund sieben Millionen Einwohner hatte. Die «Roten» übten die Macht in der bundesunmittelbaren Stadt Wien aus, die rund zwei Millionen Einwohner hatte. Die «Schwarzen» waren klerikal, reaktionär, undemokratisch, antirepublikanisch, vor allem eine Ansammlung von Nichtpersönlichkeiten. Jeder ihrer Politiker war wie eine Karikatur, von Helmut Qualtinger dargestellt. Doch wehe, wenn ausnahmsweise ein Christlichsozialer eine Persönlichkeit war: die beiden politisierenden Priester Seipel («Keine Milde!») und Innitzer («Heil Hitler!»).

Die «Schwarzen» wollten den Anschluß nicht, denn sie wollten eigentlich die Habsburger. Das machte Deutschland sympathisch.

Die «Roten» waren für Deutschland. Dort war der Sozialdemokrat Ebert Reichspräsident, der Sozialdemokrat Müller Reichskanzler, der Sozialdemokrat Löbe Parlamentspräsident: gute Auspizien für einen gemeinsamen Staat, für ein sozialdemokratisches Mitteleuropa.

Die österreichischen Sozialdemokraten waren noch 1932, als er ein politisches Harakiri bedeutet hätte, für den Anschluß. Ich darf es ihnen nicht vorwerfen. Ich wollte 1932 nach Berlin übersiedeln.

Die drittgrößte österreichische Partei war eo ipso für den Anschluß: die «Großdeutschen», die «Nationalen».

Im Westen der Republik Österreich veranstaltete man Volksabstimmungen. Sie erbrachten Mehrheiten für den Anschluß Österreichs an Deutschland. Eine politische Feuerwehr löschte hastig und unauffällig diesen Anschlußdurst. Sonst wäre Österreich ganz gewiß mehrheitlich gegen Österreich gewesen.

Man wollte den Anschluß, weil man Österreich so gut kannte und Deutschland nicht sehr genau kannte. (Dieses Deutschland-nicht-genau-Kennen: der psychologische Schlüssel des österreichischen Deutschlandproblems!)

Man wollte sich an pünktliche Züge, an Sauberkeit, an Organisation, an Tüchtigkeit anschließen. Daß man sich damit an Fememörder, Putschisten, Freikorps-Desperados angeschlossen hätte, bedachte man nicht.

Deutschland war selbst im Nachkriegschaos stark geblieben und kaum erschüttert. Österreich neigt dazu, sich in Frage zu stellen, sich minderwertig und unterlegen zu fühlen; die Realität der Nachkriegszeit bestärkte Tendenzen solcher Art.

Österreich war ein «Staat, den keiner wollte», ein «Staat wider Willen», ein auf Katastrophen programmiertes, ratloses, sich zersetzendes, sich selbst entmachtendes Gebilde, ein Moribunder auf Urlaub.

Wer die deutsche Politik verfolgte (es waren freilich nicht viele), erkannte neidisch, daß die Katholiken dort im «Zentrum» standen, anders als die sehr weit rechts stehenden österreichischen Christlichsozialen. Man konnte an dem deutschen politischen Katholizismus echte Demokraten und bedeutende Persönlichkeiten bewundern, zumindest achten, Dr. Wilhelm Marx, Dr. Josef Wirth (der gesagt hatte: «Der Feind steht rechts!»).

Besiegt waren Deutschland wie Österreich. Aber Deutschland war trotz Elsaß-Lothringen, Oberschlesien, Westpreußen mit Deutschland identisch geblieben. Österreich war aus einem Koloß namens Österreich zum Zwerg namens Österreich geworden, und selbst das deutschsprachige Gebiet war reduziert, bei Gmünd im Norden Niederösterreichs, bei Leibnitz im Süden der Steiermark … Ödenburg, Hauptstadt des neugewonnenen, deutschsprachigen Burgenlands, war von Ungarn gekapert worden. In Südkärnten mußte um den Verbleib bei Österreich ein kleiner Krieg geführt werden. Der Verlust deutschsprachiger Teile Südtirols erweckte besondere

Emotionen ..., man fühlte sich verlassen, alleingelassen, man suchte Anschluß.

Im November 1928 erschien eine Flugschrift «Der Anschluß». Sie wird von der Österreichischen National-bibliothek aufbewahrt. Da stehen die Unterschriften bedeutender Persönlichkeiten der Politik, Wirtschaft und Kultur unter einem feierlichen Bekenntnis zu dem Staatsakt vom November 1918: Österreich ist ein Teil der deutschen Republik. Es ist erstaunlich, geradezu unglaublich, wie viele Österreicher aus allen Lagern, die Christlichsozialen eingeschlossen, damals, 1928, für den «Anschluß» waren.

Mit meiner Mutter, später mit meinen Eltern, besuchte ich in jedem Sommer weiterhin die Großeltern in Eisenstein. Von Wien aus kann man dorthin quer durch Böhmen gelangen, eine langweilige lange Fahrt über Gmünd, Budweis, Strakonitz, Horazdowitz, Pilsen, Klattau – die Ortsnamen erwecken Schwejk-Assoziationen. Man kann aber auch von Deutschland aus via Landshut und Plattling den Eisensteiner Grenzbahnhof erreichen.

Ich wurde sehr vernünftig erzogen, ohne Octroi einer Weltanschauung, aber mit bewußten Impulsen, die Welt anzuschauen. Es war innerhalb der Kreise, denen wir angehörten, durchaus ungewöhnlich, ohne besonderen Anlaß nach Deutschland zu fahren, auch nicht zur Urlaubszeit. Wir aber besichtigten systematisch deutsche Städte, wir machten Station in Landshut, in Regensburg, in Augsburg, in Nürnberg, ich freundete mich vor allem mit München an.

Einmal fuhr ich mit meiner Mutter nach Bregenz, von dort auf dem Bodensee bis Konstanz, von dort mit der Bahn nach Donaueschingen. (Der Hohentwiel bei Singen war als Schauplatz von Scheffels «Ekkehard» bedeutsam.)

Von Donaueschingen fuhren wir nach Furtwangen, von dort mit dem Autobus nach Neueck, einem hochgelegenen Gasthof in angenehmer Umgebung. Wieso wir gerade dort die Ferien verbrachten, weiß ich nicht. Wir machten Ausflüge auf den Feldberg, an den Titisee, nach Freiburg, ich erlebte Deutschland, schöne Landschaft, herrlicher Wald, eine beruhigend ordentliche Atmosphäre, leicht fremdartig, aber doch nicht fremd. Im nahegelegenen Dorf Furtwangen war es wimmelnd und doch idyllisch. Eine Fülle von Fahrrädern, die man unversperrt stehenließ, wenn man in einen Laden ging. Eine Übersetzung von Bayerisch Eisenstein ins Schwäbische.

Auf der Rückfahrt machten wir in Ulm Station. Das war wichtig wegen des Romans «Der Schneider von Ulm» von Max Eyth. Ich bestieg den Turm des Münsters, der irgendein soundsovielthöchster Kirchturm von Ichweißnichtwo ist.

Und dann München. Damals noch ganz anders. Etwa das, was heute Innsbruck ist. Auf den Straßen und Plätzen und in den Lokalen und Straßenbahnen die gewaltige Menge der Touristen. (Damals fanden Ferien zu Fuß und per Bahn oder Autobus statt – die Ära des privaten Automobils war erst im Kommen.)

München: Zentrum und Ausgangspunkt für Ausflüge, Besichtigungen. Dazu sommerliche Festspiele. Ich war zu klein, ich mußte im Hotel bleiben, während meine Mutter und die mit ihr fahrenden Freunde zu einer Oper in das Residenztheater gingen, in den Simpl, zu Karl Valentin. Im Simpl trat Joachim Ringelnatz auf.

Etwas später durfte ich dann mit einem gleichaltrigen Freund die Osterferien in München verbringen, alte Pinakothek, Oper (leider «Palestrina»), Schackgalerie, Eibsee. München imponierte mir.

Es ist töricht, Städte gegeneinander auszuspielen; aber ich kann sagen, daß Wien nicht nur die größere, sondern auch die imperialere, ja, sagen wir's: die schönere Stadt ist und auch damals war.

Aber ich – und das scheint mir charakteristisch –, ich fand als Gymnasiast München schöner, großzügiger. Vielleicht imponierte mir die Regelmäßigkeit, die Übersichtlichkeit der breiten Straßen und Plätze. Das Deutsche sprach an.

Es war wie der erste Mann für ein Mädchen. Die erste fremde Großstadt für mich, ein entscheidender prägender Eindruck. Credo quia absurdum – amo quia ignotum.

Ich war ein Freund des Deutschen und der Deutschen geworden. Und das mag damit zusammenhängen, daß mir nicht nur Deutschland sauberer schien, sondern daß mir auch das Deutsch der Deutschen sauberer schien als das, was rund um mich gesprochen wurde.

Dazu kam noch ein Erlebnis von ganz anderer Art, aber mit gleicher Wirkung. Wilhelm Furtwängler hatte die Leitung des Wiener Tonkünstler-Orchesters übernommen.

Ich war ein leidenschaftlicher Konzertbesucher (die

Oper kam erst in zweiter Linie, das Schauspiel erst nach der Oper). In Wien gab es damals keine faszinierenden Dirigenten. Franz Schalk war erst im Begriff, sich zum großen alten Mann zu steigern, Felix Weingartner (ständiger Dirigent der Philharmoniker) war äußerlich, oberflächlich, außerdem belastet durch seine seinerzeitige Aggressivität gegen Gustav Mahler, der mein Heiliger war. Im Konzerthaus (Konzertvereins-Orchester) waltete der verdiente, aber nicht attraktive Ferdinand Löwe, ein Bruckner-Apostel mit niedriger Mitgliedsnummer. Von Richard Strauss, dem Dirigenten, trennte mich meine schon früh aufkeimende Antipathie gegen den Komponisten (mit dreiundzwanzig Jahren schrieb ich meinen ersten satirischen Text gegen ihn). Ich war damals nicht – wie heute – der einzige Mitteleuropäer, der Richard Strauss nicht mochte. Viele meiner Freunde sahen damals in ihm eine Art Gerhart Hauptmann des großen Orchesters.

Geliebt habe ich nur den Dirigenten Bruno Walter, der damals häufig in Wien Konzerte dirigierte.

Da kam Wilhelm Furtwängler, und eine neue Zeit schien zu beginnen. Er war so deutsch. Die beiden einleitenden Akkorde der Eroica waren nicht mehr zwei Akkorde, sondern zwei Ereignisse. Im Scherzo der C-Dur-Symphonie von Schubert, bald nach dem ersten Doppelstrich, machte er eine kleine Zäsur, die nur er so wollte.

(Fünfzehn Jahre später, Basler Emigration, heimlich, weil man nicht zu deutschen Gastspielen ging, eine ganz billige Eintrittskarte, Berliner Philharmoniker unter Furtwängler. Und wieder im dritten Satz der C-Dur-Symphonie von Schubert diese Zäsur – man kann nicht bitterlicher um Verlorenes trauern als ich in diesem Augenblick.)

Die C-Dur-Symphonie war auf einmal nicht mehr vom Schubert-Franzl, sondern von jenem Schubert, der sich uns jenseits seiner Lieder und der bekannten Kammermusik erst allmählich zeigte, den Karl Böhm dann ganz erschlossen hat.

Der Schlußsatz der Vierten von Brahms, nein, diese ganze Vierte; und der Eintritt des Freudenthemas der Neunten von Beethoven in den Celli und Bässen war nie so leise und überirdisch schön gewesen. Seit Furtwänglers Tod ist auch diese Neunte gestorben. Und «– und es ward Licht» in der «Schöpfung», «Wahrlich, er ist Gottes Sohn gewesen» in der Matthäus-Passion, die «Szene am Bach» in der Pastorale mit dem himmlischen kleinen Zögern, ehe das Hauptthema wiederkehrt ...

Kein Kapellmeister, kein Taktschläger, ein innerlich restlos Beteiligter, Hingegebener, der dem Orchester nicht Anweisungen, sondern sein Beteiligtsein vermittelte.

Das rechtschaffene Orchester der Tonkünstler wurde unter Furtwängler, wie es nie gewesen war. Aber wenn es unter diesem Dirigenten die Wiener Philharmoniker gewesen wären!

Und sie wurden es, und es ward Licht. Sie musizierten miteinander auch noch die Dritte von Mahler. Das ging sogar über den geliebten Bruno Walter hinaus (der ja übrigens auch ein Deutscher war).

Erst jetzt, da ich die Erinnerungen heraufhole, die konstituierenden Erlebnisse zu agnoszieren und in ein System zu bringen versuche, erst jetzt bei dieser Quasi-Mini-Psychoanalyse einer lebenslangen Bindung wird mir das alles in seiner auslösenden Bedeutsamkeit gegenwärtig.

Die deutsche Sprache, an die Karl Kraus mich glauben gelehrt hat, die deutschen Reisen, die deutsche Musik: Brahms, Beethoven, Bach, von Furtwängler zur Vollendung gesteigert, der deutsche Geiger Adolf Busch und sein Quartett, vielleicht auch unser Stubenmädchen Charlotte Sachse, in die ich, vielleicht fünfzehn-, vielleicht sechzehnjährig, nicht verliebt war, aber deren Sprache sie so wohltuend vom autochthonen Personal unterschied ..., die angepöbelt wurde, wenn man sie nicht verstand («Die Fräu'n kann net deitsch!»).

Darf man's Liebe nennen? Ich glaube: ja.

Ich liebte das Deutsche, ich liebte die Deutschen.

Mein Hamburg von damals

Immer, wenn ich nach Hamburg komme, lebt mein Glaube an Deutschland wieder auf.

Nichts bindet mich an Hamburg außer Erinnerungen seit 1926, und sie sind nicht so positiv getönt, daß sie meine Schwärmerei rechtfertigen könnten.

Aber wenn ich in Hamburg ankomme, geht mir das Herz auf, wie wir sagen. Die Ankunft vollzieht sich am günstigsten mit dem Schlafwagen – man ist schon angezogen, hat schon gefrühstückt, der Tag hat längst begonnen, man überquert die Elbe und staunt jedesmal, denn so breit und mächtig hat man sie nicht in Erinnerung gehabt. Dann sieht man Anlagen maritimen Charakters, obwohl in Hamburg von Meer keine Spur ist, und dann hält der Zug am Hauptbahnhof, und man erinnert sich – das hat man jedesmal vergessen: daß Hamburg mehrere Bahnhöfe hat, und man überlegt blitzschnell, ob's nicht günstiger wäre, erst am Dammtor-Bahnhof auszusteigen.

Hamburg ist eine Stadt, in der sich's angenehm geht – von welcher anderen Stadt läßt sich das behaupten – vielleicht von Berlin.

Man ist mitten in der Stadt, am Hauptbahnhof und am Dammtor-Bahnhof. Überallhin, wo die Stadt am städtischesten ist, nur ein kurzer Weg. Zur Mönckebergstraße zum Beispiel, wo die großen Kaufhäuser sind, zur Alster, zur Oper (am Dammtor), zum Schauspielhaus (am Hauptbahnhof), zur Kunsthalle, zum Thalia-Theater, zum Rathaus, was weiß ich, wohin überall noch ...

Die Alster ist ein Geschwisterkind der Zürcher Limmat, auch die Seelände in Chicago ist entfernt verwandt.

Mitten in der Stadt, wo die großen Hotels sind, ein stattliches Bassin, kein Teich, sondern eher ein stadteigener See, viereckig, an drei Seiten von Großstadt eingefaßt.

Jenseits erstreckt sich die Große Alster (diese heißt Außen-, die kleine heißt Binnenalster). Und sie ist ein See höherer Ordnung, fast wie der Zürichsee jenseits des Limmatbassins und der Quaibrücke. Links, wenn wir von der Stadtseite hinaussehen, heißt's Harvestehude, rechts Uhlenhorst.

Wie exotisch klingt mir diese Endung «-hude», wie weltenweit fremd auch die Endung «-büttel» (Eimsbüttel, Fuhlsbüttel). Auch «-bek» sollte Distanz zwischen sich und mir schaffen, doch da ist Wandsbek, und alles ist anheimelnd durch Matthias Claudius.

Wenn man sich über «die Deutschen» ärgert, sollte man an ihn und an Caspar David Friedrich denken, an Theodor Storm, an Felix Mendelssohn-Bartholdy. (Kein Deutscher? Und «Wer hat dich, du schöner Wald» ist wohl jüdische Musik? Schämen Sie sich!)

Mendelssohn ist der beste Schumann, den die Deutschen je hatten. Wohl uns, daß er jetzt öfter zu hören ist!

Wahrscheinlich begegnen Hamburg und ich einander so

harmonisch auf der gleichen Wellenlänge, weil Hamburg traditionell republikanisch war, oder sagen wir's genauer: nichtmonarchistisch. Inmitten der papageienhaftbunt kostümierten Landesfürsten drei Herren in Zivil: die Bürgermeister von Hamburg, Lübeck, Bremen. Wäre aber Hamburg anno 1871 ein Großherzogtum geworden, hätte der Großherzog vermutlich auch Zivil getragen.

In Hamburg duftet's nach See und nach Demokratie. Nach «senatus populusque». Großzügige Anlagen säumen die Große Alster auf der Harvestehuder Seite, und man darf die Wiesen betreten, ohne angeschnauzt zu werden. Hamburg ist eine unlaute Großstadt. In Hamburg ist das Gestern noch sehr heutig, wieder sehr heutig. Das dominierende Walten der Kaufherren läßt, wie ein Südwester, Militarismus, Faschismus außen abrinnen, eventuell häßliche Flecken entstehen, aber nie in die Substanz vordringen.

Hier gibt die Handelsflotte, die Passagierschiffahrt den Ton an. Die Kriegsmarine ist drüben in Kiel. Hier ist die außerdeutsche Welt sehr nah, und manchmal scheint Deutschland so weit wie der Kontinent weit von England scheint, obwohl Hamburg keine Insel ist.

Klimatisch ist Hamburg durch das sogenannte Schmuddelwetter gekennzeichnet: Wenn's morgens schön ist, kommt im Lauf des Tages Regen, Nebel oder Nieselregen; wenn's morgens nicht schön ist, bleibt's so.

Ich habe viele Schmuddelwochen hier erlebt, aber ich sehe Hamburg, wenn ich es vor meinen inneren Bildschirm zitiere, immer strahlend schönwettergesegnet vor mir,

Wasser nicht vom Himmel kommend, sondern als Elbe, als Alster, als «Fleete»: kleine Wasserläufe in der Innenstadt. Ich sehe uns im neuen Hamburg vor etwa zehn Jahren an einem strahlenden Sonnentag durch die weiträumig großzügigen Anlagen gehen, mit einem befreundeten dortigen Ehepaar; und als der Mann irgend etwas gesagt hatte, womit seine Frau nicht einverstanden war, rief sie vorwurfsvoll: «Aber Hansgünther!» Sie glauben mir's nicht! Ich glaub' mir's selber kaum. Es ist, als würden Amerikanerinnen ihre Gatten «Aber John D.» oder «Aber David W.» (Doubleyou) ansprechen. Daß man Hansgünther heißt, ist zur Not für unsereinen vorstellbar; aber ein Doppelrufname geht noch über -büttel und -hude.

Ich hatte Hamburg in alten Zeiten gut gekannt, ich sah es nach zwanzig Jahren zum erstenmal wieder, in einem Autobus die Stadt durchfahrend bis zum Hauptbahnhof. Ich war aufgeregt und bange vor dem Wiedersehen. Es war später Abend. Die Zeit bis zur Abfahrt des Zugs war knapp. Ich sehe von Natur aus nicht gut, und vom lieblos zielstrebigen Autobus aus konnte man auf keinen Fall viel sehen.

Wenn man weit fort ist, weiß man nur wenig Topographisches von einer seinerzeit wohlbekannten Stadt; kommt man aber hin, stellt sich erinnernd vielerlei Wissen wieder ein. Man erkennt nicht nur, was man vor sich hat, man weiß auch plötzlich, was drüben um die Ecke ist. Ich wußte plötzlich Rothenbaumchaussee, Dammtor, Esplanade, Opernhaus, gegenüber das Postamt 36, ich war hier wieder zu Hause und versuchte verzweifelt zu sehen, was da war, was nicht mehr da war, was anders geworden war.

Und in der Nacht, am Autobusfenster, durch das ich nicht hinaufschauen, sondern nur Parterre und bestenfalls den ersten Stock ahnen konnte, war alles ganz so, wie es gewesen war. Die Nacht zeigte mir unverändert mein Hamburg von damals.

In den frühen fünfziger Jahren fand ich Anschluß an die Jahre um 1930.

Ich weiß, daß Hamburg ganz fürchterlich bombardiert wurde. Ich erinnere mich an das Teufelswort «hamburgisieren» als Revanche für das «coventrisieren» der deutschen Luftwaffe.

Doch der Stadt Hamburg scheint so viel bewahrend-beharrende Kraft innezuwohnen, daß sie die Stadt Hamburg geblieben ist, nur so weit verändert scheint, als sich Städte auch in etlichen Friedensjahren verändern mögen.

Ich liebe das stille kleine Hotel in der Blumenstraße mit seinem Park, der auch mit einem kleinen Gewässer verbunden ist.

Wenn ich mit dem Taxi hinfahre, spiele ich ein reizvolles Spiel. Ich sage zuerst ganz deutlich «Blumenstraße», und der Chauffeur versteht mich nicht. Dann sage ich «Blum'-straße», und er versteht mich sofort.

Ich liebe die Sprache der Hamburger mit ihrem unverkennbaren singenden Tonfall, die zweitschönste deutsche Regionalsprache. (Die schönste wird natürlich in Berlin gesprochen.)

Zu St. Pauli hab' ich keine rechte Beziehung, wohl aber

zu der Gegend am Elbufer, wo die Unordnung nicht ein Mangel, sondern konstitutionell bedingt ist. Alles Maritime ist ja unordentlich.

Ich glaube auch bemerkt zu haben, daß in Hamburg besonders viele Blumenläden sind. Eine Blum'stadt.

Ich liebe die Umgebung, die Übergänge in die Heidelandschaft, das Tuten der Schiffe, das etwas groß geratene Bismarck-Denkmal, na ja! Ein kleinerer Bismarck und ein größerer Lessing wären mir sympathischer.

Hier im deutschen Nordwesten und Norden bin ich gern. Auch Johann Nestroy, der überaus wienerische Wiener, fühlte sich hier wohl.

Es ist so fremd, daß es uns nicht betrifft. Drum können wir vorbehaltlos kommen, sehen, jasagen.

Noch das Rheinland, weil katholisch, weil Weinberge, betrifft uns.

Hamburg ist wie Neapel. Eine große Stadt, nicht ganz am Ende, aber relativ doch schon eher am Ende eines Landes, und völlig ohne sogenannte Sehenswürdigkeiten im üblichen Sinn. Das Aquarium in Neapel, die Pflanzen-und-Blumen-Schau in Hamburg. Keine sehenswerten alten Kirchen, keine Plätze, Paläste, nur Landschaft und Stadtschaft und Hafen.

Ich gehe gern in Hamburg herum, an der Alster, an besagtem unordentlichem Elbufer – man darf nicht vergessen, viel Brot mitzunehmen, denn es ist ein lehrreiches Vergnügen, Möwen zu füttern –, in der Innenstadt mit ihren bemerkenswert exotischen Straßennamen – draußen im äußeren Bannkreis der Äußeren Alster. Hier ist viel

Grün. Hier sind stille Wohnstraßen. Und weil ich die Deutschen mag, hier in Hamburg zweifellos und ungefährdet, freue ich mich über jede Familie, die ein intaktes, freundliches Haus bewohnt. Wie im großen Wohngelände an den Rändern Westberlins ist hier beruhigend viel Wohlstand spürbar, ohne vorherrschende Symptome protzig übermäßigen Reichtums. Auferstandene Bürgerlichkeit. (In Hamburg schon wieder, in Berlin noch immer.)

Wenn man's bedenkt: Sie haben den Krieg – und so einen! – verloren, sie waren im Jahr null vis-à-vis de rien, und es gibt wieder – oder vielleicht erst jetzt wirklich – die Möglichkeit solcher beharrend soignierter Bürgerlichkeit – mich freut es.

Hamburg hat Substanz, Berlin hätte Substanz gehabt, an der Spitze des genesenden Deutschland die neue Ära segensreich und beispielhaft einzuleiten. (Allerdings: an der Elbchaussee draußen, zum Unterschied von der Äußeren Alster, ist der Wohlstand gelegentlich dem Protzigen, Übermäßigen nahe.)

Und ich hätte so gern wenigstens dieses eine Kapitel ohne kritische Gegenstimme ausklingen lassen. Ich hätte auch der hamburgischen senatorialen Politik so gern Gediegenheit bescheinigt – aber leider:

Es gibt Dinge, Vorfälle, Ereignisse, die sich mir einprägen mit einem Zeitzünder-Imperativ. Wenn ich je einen glaubhaften Anlaß finde, so nehme ich mir bindend vor, dann muß ich das schreiben!

Der Anlaß ist da, nach vielen, vielen Jahren, also muß ich schreiben:

In Hamburg war einmal ein Senator, in dessen Wirkungs-
bereich ein Mensch, der nicht hätte sterben müssen, gestorben ist. In jedem menschlichen Gemeinwesen ist der
oberste Chef für alle schwerwiegenden Mängel seines
Ressorts verantwortlich. So auch in diesem Fall.

Man enthob den Senator seines Postens.

So weit wäre alles in Ordnung.

Was aber geschah mit dem Mann? Verschwand er aus
der Politik? Wurde er bestraft? Wurde er degradiert?

Er wurde Kultursenator.

Ein erster Schritt

Ich hatte das Gymnasium hinter mir, mein Vater wünschte sich für mich einen kaufmännischen Beruf; er war bereit, mich studieren zu lassen, was ich wollte.

Ich war noch weit davon entfernt, Schriftsteller zu sein.

Die Entscheidung: Ich sollte zunächst ein Semester in Hamburg studieren – weil Hamburg eine kommerzielle Atmosphäre hatte. Ich entschied mich für das Studium der Rechtswissenschaft – das konnte auf keinen Fall schaden.

Gelernt hab' ich nur eines in den Monaten September 1926 bis März 1927: in einer fremden Stadt leben.

Ich hatte ein möbliertes Zimmer bei zwei alten Damen (möblierte Zimmer hat man immer bei alten Damen). Sie hießen Stavenhagen. Das klang überaus hanseatisch. Sie liebten Thomas Mann. Sie lebten neben ihrem eigenen Leben noch sehr intensiv das Leben der Familie Mann (wie andere alte Damen an den regierenden Häusern Anteil nehmen). Ich lernte von ihnen einige mir unbekannte Wörter und Redensarten, die mir sehr hanseatisch vorkamen, so lange, bis ich draufkam, daß die Damen mosaischer Konfession waren und dieses Vokabular nicht hanseatisch war.

Ich hatte einige Bekannte, war aber recht einsam, eher

unglücklich, nicht über den Aufenthalt in der Fremde, sondern konstitutionell. Ich liebte unglücklich ein Mädchen aus Blankenese namens Ilse. Ich begann zu schreiben, völlig anfängerhaft, dilettantisch.

Hätte es damals den Hans Weigel gegeben und ich hätte ihm Arbeitsproben geschickt, er hätte mich nicht zum Weiterschreiben animiert.

An der Universität studierte ich nicht Jura, sondern hörte Vorlesungen, die mich interessierten.

Meine Beziehung zu Deutschland war nicht Gegenstand von Reflexionen, sondern selbstverständlich. Fast alles, was anders war als bei uns, imponierte mir. Ich fühlte mich in einem anderen Land durchaus zu Hause.

Wenn ich an meine Hamburger Monate zurückzudenken versuche, sehe ich Hamburg sehr deutlich und mich sehr undeutlich.

Gegen Ende des Semesters fuhr ich nach Berlin, eine Stelle zu suchen. Durch abenteuerliche Konstellationen fand ich eine bei der eben selbständig gewordenen Wochenzeitung «Die literarische Welt».

Ich übersiedelte im März nach Berlin und blieb dort ein Jahr.

Für die satirische Wochenschrift «Lustige Blätter» schrieb ich eine geblödelte Satire, das «Tagebuch» druckte vier oder fünf Aphorismen von mir, in der «Literarischen Welt» durfte ich ganz selten Bücher besprechen oder über Veranstaltungen berichten.

Ich schrieb weiter, aber ich war noch lange, jahrelang kein Schriftsteller.

In Hamburg war ich sehr oft in der Oper, ich hörte schöne Konzerte, ich sah vor allem alle Inszenierungen der alten Kammerspiele im Besenbinderhof. Dort war ich bei der Premiere von Offenbachs «Orpheus in der Unterwelt», musikalisch gestaltet von Salomon, gesungen von Schauspielern (Orpheus: Paul Kemp, Pluto: Gustaf Gründgens), ein großer Eindruck fürs Leben, mein wichtigstes Theatererlebnis bis dahin. Ein Schauspieler mit einem unbekannten slawischen Namen spielte den Hans Styx. Zehn Jahre später erinnerte ich mich noch so genau an ihn, daß ich mich erkundigte: «Was ist aus dem geworden?» – «Der Viktor de Kowa.»

Die Hamburger Kammerspiele im Besenbinderhof wurden mein Maßstab. Und vielleicht hat dieses Haus mich vom Konzert- und Opernkonsumenten mit dem Nebenfach Schauspiel in einen engagierten Schauspielbesucher verwandelt.

Im «Orpheus» war ein erster Schritt dorthin getan, wo später das, was man leider «Musical» nennen muß, entstand. Die «Dreigroschenoper» und anderes von Weill-Brecht setzten die Reihe fort.

Eine der zahlreichen Untaten der Nationalsozialisten: Daß das Musical in New York erfunden werden mußte, statt daß wir es erfunden hätten. Wir waren nah dran.

Eine Sehnsucht

Ich habe zwei Weltkriege erlebt.

Ich weiß genau, wer den Ersten und wer den Zweiten angefangen hat. Ich weiß auch genau, wer den Ersten gewonnen und wer ihn verloren hat.

Aber von Jahr zu Jahr ist mir weniger klar, wer den Zweiten Weltkrieg gewonnen hat. Die Vereinigten Staaten? Eher nicht. Frankreich? Auch nicht unbedingt. Das Vereinigte Königreich? Gewiß nicht. Die Sowjetunion?

Und wer hat den Zweiten Weltkrieg verloren? Japan? Eher nicht. Österreich? Auch nicht unbedingt. Die Bundesrepublik Deutschland? Gewiß nicht. Italien?

Ich weiß nur eines ganz genau: Berlin haben wir alle miteinander verloren.

Um Berlin sind wir ärmer geworden, nicht nur wir, nicht nur die Deutschen, nicht nur Mitteleuropa, nicht nur Europa. Der Verlust Berlins ist ein Verlust, den das zwanzigste Jahrhundert erlitten hat.

Berlin war unentbehrlich. Wir kommen ohne Berlin nicht wirklich zurecht. Und das Verwirrende an der neuen Lage ist, daß dort, wo Berlin gewesen ist, immer noch eine Stadt liegt, die auch Berlin heißt.

In einer bestimmten Gegend meines Bewußtseins kann

ich's bis heute nicht glauben, daß Berlin nicht mehr Berlin ist und nie wieder Berlin sein wird.

Hier hat Adolf Hitler den Zweiten Weltkrieg gewonnen.

Ich wohnte, als ich von Hamburg kam, zunächst in einer Pension am Nürnberger Platz. Der Nürnberger Platz von 1927 ist mir gegenwärtig geblieben. Und wenn ich heute mit der Berliner U-Bahn fahre und zu der Station «Nürnberger Platz» komme, sehe ich ein paar Meter höher oben in meiner Phantasie immer noch den Nürnberger Platz von damals. Alles Heutige muß ich zur Kenntnis nehmen, aber das Damalige ist stärker und drängt sich alsbald wieder vor.

Ich will den Platz an der Gedächtniskirche nicht ohne das Romanische Café sehen, die Gegend an der Potsdamer Brücke nicht ohne das Haus Potsdamer Straße 123^b, wo der Rowohlt-Verlag im ersten Stock und die «Literarische Welt» im dritten Stock zu Hause gewesen sind. Ich suche immer wieder vergeblich Straßen, Ecken, Häuser, Grundrisse. Ich weiß, daß die Vulgärverwendung des Terminus «schizophren» unrichtig ist, aber ich kann's nicht anders sagen ... oder vielleicht doch:

Wir sehen mit jedem unserer beiden Augen ein anderes Bild, aber die Augen haben sich akkommodiert und bringen die beiden Bilder zur Deckung. In Berlin funktioniert das bei mir nicht. Die Akkommodation findet nicht statt. Ich sehe zwei Bilder und will nur das Bild sehen, das ich nicht sehen kann.

Was war das für eine Stadt!

Schöne Städte erkennt man daran, daß alles Häßliche

nicht stört, weil das Schöne überwiegt und dominiert. In Berlin aber war alles häßlich – Ausnahmen: Gendarmenmarkt, die Palais an der Linden-Oper und das Charlottenburger Schloß …, aber das war unwesentlich. Berlin war Ergebnis der Reichsgründerzeit, des bismarckisch-wilhelminischen Größenwahns. Wenn ich eine dieser Palastscheußlichkeiten anderswo, gar in Straßburg sehe, rufe ich: Pfui Teufel! In Berlin bin ich gerührt, und nicht nur in sentimentaler Erinnerung an meine Zwanzigerjahre, sondern schon damals.

Vielleicht ist's wirklich die Luft. Oder das Klima. Was ist das Gegenteil von Föhn? – Berlin.

Es waren damals vom Frühjahr 1927 bis zum Frühjahr 1928, es waren damals dumme Äußerlichkeiten, unter anderem, oder vielleicht doch nicht …, man war noch stolz auf den starken Verkehr, auf das Straßengewimmel zu später Stunde. Berlins Lebendigkeit, Berlins höherer Blutdruck.

Berlin war nicht nur die Hauptstadt von Deutschland, Berlin war die Hauptstadt des Theaters, die Hauptstadt der Musik, eine Hauptstadt der Künste, auch des Films. Berlin hatte keine verpflichtend belastenden Traditionen zu pflegen oder zu überwinden. Da war ein guter Baumeister namens Schinkel gewesen, da war die ehrwürdige Singakademie, da waren Spurenelemente der Vergangenheit ohne jede hypothekarische Belastung, da hatte der Militarismus aufgehört, und in den entstandenen Leerraum waren Kraft und Leben und Menschen eingeströmt. Was ist das Gegenteil von zentrifugal? – Berlin.

Ein verlorener Krieg und anschließend auf der Verlierer-
seite ein Wunder an Vitalität und Dasein, damals wie das
nächstemal. Damals hat man leider Angst vor den Deutschen bekommen, statt gläubig zu werden. Diesmal sind
die Deutschen Gläubiger geworden, und man buhlt um sie.
Ein Bruchteil der Bundesrepublikaufwertung des Westens
dreißig Jahre früher ..., nein, man soll nicht politisch-
konditional wunschträumen!

Der Chefredakteur bat einen Redakteur aus dem Nebenzimmer zu sich. «Herr Kollege, Sie wissen, daß ich liberal
bin, ich habe auch nichts gegen Privatgespräche während
der Arbeitszeit, aber das ist zuviel! Über eine halbe Stunde
höre ich jetzt, daß Sie ununterbrochen ungarisch telephonieren!» – «Privatgespräche? Ich habe nur mit Berliner
Redaktionen telephoniert.»

Berlin zog, Berlin sog Begabungen und Genies an sich.
Regisseure, Schauspieler, Sänger, Schriftsteller, Arnold
Schönberg, Franz Schreker, Max Reinhardt, Robert Musil,
Alfred Polgar ... und Kästner und Brecht ... und Redakteure und Graphiker, darunter einen, der sie alle verewigt
hat: den unübertroffenen Karikaturporträtisten B. F. Dol-
bin.

Was neu ist, wurde und wird als solches allüberall besonders zur Kenntnis genommen. In Berlin war alles neu
und als solches selbstverständlich. Was ist das Gegenteil
von Provinz? – Berlin.

Aber da ist die Rede von meinem Berlin der Jahre 1927
und 1928.

Ich war so sehr überwältigt, weil ich das alles nicht gewußt hatte. Berlin lag als große Spinne im preußischen Netz für uns in Wien irgendwo sehr nördlich, sehr groß, sehr «schnodderig», überheblich, eine Stadt, wo man «jut» statt «gut» und «Tach» statt «Servus» sagte. Die Stadt der Ullstein-Bücher, des Magazins «Uhu», die Stadt, mit der man Wilhelm Furtwängler und Bruno Walter und Max Reinhardt teilen mußte, die Stadt, an die man mit etwas Argwohn und überheblichem Ahnenstolz dachte, und ohne Kenntnisse ihres Wesens.

Wien, Wien, nur du allein, sollst stets die Stadt meiner Träume sein ..., aber Berlin war stets die Stadt des Wachens.

Und auch das Schauerliche war hier unentbehrlich. Die frühe Blüte der Homosexualität, die sich exhibitionistisch affichierte, Nachtleben und Unterwelt, dumme Piscator-Inszenierungen, die überschätzte Diva Fritzi Massary, schreckliche Klassikeraufführungen («Heinrich IV.» mit Klöpfer, Wegener, Deutsch), langweilig zelebrierter Naturalismus («Rose Bernd», von Martin inszeniert mit Käthe Dorsch – so fad!), aber: Werner Krauß, Grete Mosheim, Carola Neher, Curt Bois, Oskar Homolka, Fritz Kortner, Maria Koppenhöfer, Paul Bildt, Aribert Wäscher, Walter Franck, Rosa Valetti, Alban Bergs «Wozzeck», die Dritte Mahler unter Kleiber, die Sinfonietta von Janáček im Beisein des Komponisten, «Troilus und Cressida» von Heinz Hilpert inszeniert, «Peer Gynt» von Berthold Viertel inszeniert ...

... noch war ich durchaus Konsument, weit entfernt von der Chance, sogar vom Wunschtraum, dazuzugehören, befreundet nur mit ein paar jungen Kapellmeistern und Korrepetitoren der Staatsoper, ganz introvertiert, spät-pubertativ, heimlich schreibend, ohne zu wissen, was ich schreiben sollte (zwei Kleinigkeiten in einem Jahr erschienen, ein Gedicht im Kästner-Ton, vom «Tagebuch» angenommen, erschien dort leider nicht), die Überfülle der Anregungen tief einatmend, das Gefühl, ein Bestandteil dieser Stadt auf Zeit zu sein, in all meiner verwirrten Unsicherheit beseligt wahrnehmend.

Hätte wer immer zu den Fahnen gerufen, um Berlin gegen wen immer zu verteidigen: ich hätte mich begeistert am ersten Tag gemeldet.

Leider waren die Fahnen, zu denen dann in Berlin gerufen wurde, nicht derart, daß ich mich hätte melden können.

Ich war noch vor dem Ende von 1933 mehrmals in Berlin, so oft ich konnte, so, wie man sonst eine geliebte Landschaft immer wieder aufsucht. Ich wollte das Hier-zu-Hause-Sein wiedererleben, auskosten, ich wollte versuchen, ob es nicht doch eine Möglichkeit gab, hier zu arbeiten. Im Sommer 1932 zum letztenmal. Hätte ich damals eine Stelle gefunden, wäre ich gewiß, freudig und erfüllt, um diese Fünf-Minuten-vor-zwölf-Zeit nach Berlin übersiedelt. Ich riet noch damals allen Wiener Freunden, doch unbedingt nach Berlin zu gehen.

Im Vorfeld des Untergangs sah ich an der Berliner Reinhardt-Bühne eine schreckliche Inszenierung eines schrecklichen Stücks: «Phaea» von Unruh. Aber da stand um die Mitte des Abends Grete Mosheim inmitten einer

stillen Gruppe von Akteuren auf der Bühne und sang ein
Lied, Text und Musik von Friedrich Hollaender: «Eine
kleine Sehnsucht», eine süße Melodie, der Text nicht frei
von Kitsch:

> Eine kleine Sehnsucht
> Braucht jeder zum Glücklichsein
> ...
> Eine kleine Sehnsucht,
> Ein flüchtiges Traumgebild,
> Eine Sehnsucht, die sich niemals erfüllt.

Seit ich zum erstenmal, nach einem dortigen Jahr, von
Berlin weggefahren bin, war die Stadt: eine Sehnsucht.

Seit ich damals, 1932, von Berlin weggefahren bin, war
nun doch dieses Berlin die Stadt meiner Träume geworden.

Eine Sehnsucht, die sich niemals erfüllt.

Es liegt in der Luft

Neben dem Theater in seiner Größe und Schauerlichkeit, seinen Erfüllungen und Entgleisungen blühte damals in Berlin, fern von Entgleisungen und Schauerlichkeiten, die Gattung, die keinen Namen hat, denn sie ist weder Cabaret noch Kabarett noch Revue, sie ist durch den niedlichen Namen «Kleinkunst» nicht charakterisiert, auch «literarisch» ist sie nur bedingt. Sie heißt Friedrich Hollaender, Marcellus Schiffer, Mischa Spoliansky, sie heißt Margo Lion, Blandine Ebinger, H. H. von Twardowski, Willy Prager. Rudolf Nelson hat sie vielleicht erfunden, steht aber, wie viele Pioniere auf vielen Gebieten, nicht ganz auf der Höhe, die von seiner Basis aus erreicht wurde.

Chansons, Szenen, Sketche, Parodien, Conferencen, ein Titel und ein Rahmen, der gern gesprengt wurde. «Die fleißige Leserin», «Hetärengespräche», «Das bist du» (Zoologie), «Bei uns um die Gedächtniskirche rum», «Es liegt in der Luft» (Warenhaus). Musik im Ton der Zeit, Texte ohne Abstinenz des Hirns, Politik, doch ohne den tierischen Ernst deutscher Kabaretts seit 45, eine Fülle wohlgelaunter Damen und Herren im Besitz der seltenen Fähigkeit, Gesang um des Textes willen darzubieten.

Sind wir eine Republik? – fragt Twardowski und antwortet: Kann sein, vielleicht, vielleicht, wer weiß, vielleicht auch nicht, vielleicht auch doch ... Prager stellt dieselbe Frage und antwortet: Ich weiß, das ist nicht so, ich weiß, das kommt nicht so, ich weiß, das wird nie sein, aber machen Sie was dagegen, ich bild' mir's ein.

Margo Lion als Mondäne, die nur in Kosmetik- und Parfumsphären lebt, als weißgekleidete züchtige Braut, die plötzlich ordinär wird, Blandine Ebinger, das Berliner Kellerkind mit den vielen zarten Mädchenliedern und als Kleptomanin und als hysterische Ziege – Ich weiß nicht, was ich möchte, ich möcht' nicht, was ich weiß, im Sommer ist mir frostig, im Winter ist mir heiß – eben lach' ich, bums, da wein' ich und dann brüll' ich wie am Spieß, ich find's albern, ich find's reizend, bitte sehr, wie finden Sie's?

Ich habe ein Berliner Gastspiel mit «Es liegt in der Luft» von Schiffer-Spoliansky im Wiener Theater in der Josefstadt erlebt. Das Publikum blieb stumm, verständnislos, abweisend. Ich bin mir vorgekommen wie ein Deutscher im feindlichen Ausland.

Ich habe viele Nummern, die vor fünfzig Jahren gewesen sind, bis heute im Ohr, im Kopf, im Sinn. Dieses Genre war für mich die Offenbarung des Neuen, die für andere aus meiner Generation der Jazz gewesen ist.

Ich habe mit gütiger Hilfe des Kabarett-Polyhistors Heinz Greul drei Hollaender-Chansons und zwei Schiffer-Spoliansky-Chansons für ein Soloprogramm von Elfriede Ott hervorgeholt, als Hommage à un temps perdu, als

Ehrenrettung meines Berlin in einem besser gewordenen Wien, vor allem zu meiner erinnernden Freude.

Ich konnte Friedrich Hollaender, den ich eine Minute lang in München sah, nicht sagen, was er für mich bedeutete (aber er hörte seine drei «Lieder eines armen Mädchens» wieder und war gerührt). Ich konnte meinen Dank an Berlin Blandine Ebinger stellvertretend abstatten. Sie hat ihre Lieder von damals kürzlich auf eine Platte gesungen, mindestens so schön, so kunstvoll, so ergreifend wie damals.

Wer hat denn in Wien geahnt, wie zauberisch poetisch die Berliner Sprache sein kann, wie zart und zärtlich und farbenreich?

Wer hat denn in Wien geahnt, wie die Umgebung Berlins ist, die Seen, die Gärten, die weiten Räume, die fast wie Wälder und doch nur Bäume mit Zwischenräumen sind?

Die Seen und die Baumversammlungen sind noch, wie sie damals waren, Hundekehle, Grunewaldsee, Wannsee, Nikolassee, und auch die Villenviertel in ihrer Nähe. Ich erinnere mich, und ich schäme mich der Erinnerung nicht, daß ich damals als Neunzehn-, Zwanzigjähriger draußen am Grunewald, aber auch weiter innen, im Viertel um den Rüdesheimerplatz, spaziert bin und so gern angeklopft hätte: Bitte, ich möchte hier wohnen.

Und wer hat denn geahnt, daß die berüchtigte deutsche Küche Köstlichkeiten einschloß, deren Namen bei uns nur hochmütiges Lachen auslösten? Kartoffelpuffer, Rote Grütze, Rühreier mit Bratkartoffeln ...

Auf meinem ersten großen Umweg von Wien nach Wien

hat Berlin mich zu mir selbst geführt. Ich habe es, unter anderem, als persönlichen Affront empfunden, daß ich in Berlin nur verliebt sein konnte, daß die Nürnberger Gesetze ein unüberwindliches Ehehindernis zwischen Berlin und mir aufgerichtet haben, eine Mauer von ähnlich mittelalterlicher Barbarei wie die jetzige.

Ich habe in Berlin auch gelernt, mit der Politik zu leben, das «Tagebuch» und die «Weltbühne» zu lesen.

In dem Untergangssommer 1932 war ich auch bei einer politischen Veranstaltung, die außer Reden auch eine Art Kabarettprogramm darbot. Ort der Handlung: Ein großer Saal in der Hasenheide. Titel: «Rote Raketen».

Die große deutsche Tragödie will sich mir im Bild dieses Abends darstellen. Irgendeine Wahl stand bevor – die Kommunisten-Kabarettisten sangen auf die Melodie des bekannten Schlagers:

> Armer Gigolo
> Von der SPD,
> Ach, wie haste dir verändert ...

Ein Redner redete und ließ die Parteien Revue passieren und sagte einige nichtssagende Sätze darüber, daß man die NSDAP lieber nicht wählen sollte – und dann folgte eine ausführliche, heftige, vehemente, totale Attacke gegen die Sozialdemokratie. Hitler – lieber nicht. Braun, Wels, Hilferding – auf keinen Fall!!! Um keinen Preis!!! Bloß nicht!!!

46

Der Hitler-Stalin-Pakt von 1939 war schon 1932 vorweg-genommen.

Stalin hatte den Wahlsieg Hindenburgs ermöglicht und hat sich Adolf Hitler als Reichskanzler gewünscht*.

Eigentlich müßte ich alles, was mir und mit mir vielen, vielen Millionen nach 1933 geschehen ist, nicht nur Hitler, sondern auch Stalin vorwerfen.

Man sagt mit Recht: Dachau, Buchenwald, Auschwitz, Mauthausen.

Warum sagt man nicht auch: Katyn, Warschau?

Sie wissen nicht, was ich mit diesen beiden Namen meine? Sehen Sie!

* Näheres darüber in der Biographie Willi Münzenbergs von Babette Groß, Deutsche Verlagsanstalt, Stuttgart 1967.

Papa wird die Firma aufgeben müssen

Die Grenze zwischen Österreich und Deutschland ist mir nie vorher, als sie noch da war, so bewußt geworden wie am 19. März 1938, als sie nicht mehr da war und ich sie zwischen Salzburg und Freilassing passierte.

Österreich hatte am 11. März 1938 zu bestehen aufgehört und hatte eigentlich erst am 12. Februar 1938 zu bestehen angefangen: als aus der schleichend faschistischen Lethargie der Wille aufblühte, sich abzugrenzen.

Gegen Hitler war ich selbstverständlich, was blieb mir anderes übrig?! Aber für Österreich war ich erst seit diesem 12. Februar 1938.

Die Extraausgaben der Zeitungen berichteten, daß Bundeskanzler Schuschnigg zu Hitler nach Berchtesgaden befohlen worden war. Und auf einmal war alles andere nicht mehr wesentlich, auf einmal war die bisher bagatellisierte, nicht recht zur Kenntnis genommene Gefahr (wie sagt bei Anzengruber eine österreichische Schlüsselfigur? «Es kann dir nix g'schehn!») ganz real geworden, allen bewußt. Und das zutodemißbrauchte Wort «Österreich» – verschlissen und belastet und korrumpiert und diskreditiert vom «österreichischen Menschen» des Anton Wildgans (gibt es «französische Menschen», «italienische Menschen»? Nein, es gibt Franzosen und Italiener!) bis zu den blaubehemdeten christlichen «Ostmärkischen Sturmscharen» und der verhatschten Formel «Österreich über alles!» –, das Wort «Österreich» hatte auf einmal Sinn und Inhalt und alle erforderlichen politischen Dimensionen. Man war in Österreich nicht mehr dagegen wie bisher immer gegen alles (meist mit Recht), sondern dafür. Der blaubehemdete Faschismus läuterte sich und löste sich halb auf. Es roch in Wien nach künftiger Demokratie, für den 13. März wurde kurzfristig eine Volksabstimmung angesetzt. Und Österreich wäre, hätte die Abstimmung stattgefunden, am 13. März 1938 mehrheitlich für Österreich gewesen. Drum mußte ja die deutsche Wehrmacht am 11. März einmarschieren.

Ich war auf einmal, zum erstenmal für Österreich.

Und gegen Deutschland?

Nein, ich war nicht gegen Deutschland. Warum auch?

Ich hatte immer, allem Widerspruch rund um mich zum Trotz, die Überzeugung, daß Deutschland mit seinem Regime nicht identisch war.

Ich hätte mich ja auch im Frühjahr 1934 dagegen verwahrt, wenn man mich mit dem Herrn Dr. Dollfuß identifiziert hätte. Ich glaube auch daran, daß die KPdSU bei fairen Wahlen keine Mehrheit bekäme, und ich weiß, daß die Staatsparteien in Ungarn, in der Tschechoslowakei, in der Deutschen Demokratischen Republik bei fairen Wahlen keine Mehrheit bekämen. Die Deutschen, die Ungarn und die Tschechoslowaken haben das ja bewiesen.

Für mich gilt immer das Resultat der letzten freien Wahl – das ist in Rußland freilich schon lange her; aber hätte denn ein Regime es nötig, die Macht mit Gewalt zu ergreifen und zu sichern, wenn es durch Wahlen an die Macht kommen und an der Macht bleiben könnte? (Eine Binsenweisheit, aber im Zeitalter der Koexistenz und Entspannung wert, ausgesprochen zu werden.)

Den Deutschen, so dachte ich und denke ich noch immer, ist der Hitler passiert wie uns der Dollfuß.

Und wenn man Deutsche bestraft hat und immer noch bestrafen will, weil sie unter Hitler korrekte Staatsbürger waren und nicht Widerstand geleistet haben, müßte man auch die Österreicher bestraft haben und bestrafen, die dem schlamperten Kaiserjäger-Faschismus chez nous nicht widerstanden haben.

Und bei der Erwähnung dieses Hiasl-und-Schurl-Faschismus sage ich mir im nächsten Atemzug, wie wenige, die das lesen, es verstehen werden.

Man müßte ein Buch schreiben, es wäre so wichtig! Aber dieses Buch hier kann's nicht sein, leider, leider. Man müßte übersichtlich darstellen, was bei uns vom Jahr 1933 an passiert ist. Die Menschen, vor allem die Deutschen, waren, mit Recht, so sehr von den deutschen Vorgängen beansprucht und hergenommen, daß sie unseren Zwergen-Faschismus nicht zur Kenntnis nehmen konnten.

Und die Außenpolitiker des europäischen Westens (hat es damals auch in den USA Außenpolitiker gegeben? Ich muß einmal fragen) waren auch noch zusätzlich so sehr damit beschäftigt, dem deutschen Faschismus zu schmeicheln, daß sie es dem italienischen Faschismus überließen, den österreichischen Faschismus zu betreuen.

Ich war 1928 nach Wien zurückgekommen, weil ich in Deutschland keine Arbeit gefunden hatte. Ich hatte mir zwei Jahre als Mitarbeiter eines Buchverlags einige Erfahrungen auf diesem Gebiet angeeignet (1929–1930). Ich hatte immer wieder versucht, Kontakt mit Deutschland aufzunehmen. Ich erinnere mich an ein Gespräch mit dem sympathischen Paul Eipper, Autor von erfolgreichen Tierbüchern, hauptberuflich Mitarbeiter des S.-Fischer-Verlags. Er schien mich sympathisch zu finden. Er sagte abschließend, daß wir zunächst die nächsten deutschen Wahlen abwarten sollten, dann werde man klarer sehen. Aber in Deutschland war nach jeder Wahl immer wieder gleich die nächste Wahl bevorstehend, so lange, bis keine Wahl mehr blieb.

Ich war um 1934 Schriftsteller geworden und schrieb zunächst satirisch-kabarettistische Texte; ich kam etwa dorthin, wo meine deutschen Lehrjahre mir Vorbilder gezeigt hatten.

Ein politisches Erlebnis hatte, wenn ich den konventionellen Ausdruck verwenden darf, mein Deutschlandbild anno 1933 entscheidend geprägt.

Ich war in Verbindung mit einer Gruppe von Musikern, die eine unabhängige Opern-Stagione gründen wollten (1937 ist's ihnen dann auch gelungen). Für einen Aufruf baten sie brieflich den bekannten deutschen Musikwissenschaftler Hans Mersmann, Herausgeber einer angesehenen Zeitschrift, um seine Unterschrift. Ein paar Tage später kam der Brief einer jungen Dame – und wir glaubten zunächst, er sei irrtümlich an uns gelangt. Sie erzählte in privatem Tonfall von ihrem Papa, der genötigt sein werde, seine Firma aufzugeben. Erst allmählich erkannten wir erschüttert, daß dies eine verschlüsselte Botschaft Mersmanns war, eine bedauernde Absage an Freunde, die nicht mehr Freunde sein durften.

Ich weiß nicht, was aus Hans Mersmann geworden ist. Aber wenn er einige Jahre später eine Musikgeschichte mit Vorbehalten gegen Mendelssohn, Offenbach und Mahler herausgegeben hätte, wäre ich ihm nicht böse gewesen.

Man wird doch noch feig sein dürfen!

Und wenn man meint, er hätte emigrieren müssen, stelle ich mir vor, daß er diesen Schritt erwogen habe, und dann wären die Olympischen Spiele, Berlin, 1936, ausgebrochen, die große Verbrüderung der Engländer, Franzosen, Amerikaner mit den braunen Bataillonen – sollte er dorthin emigrieren?

Wer hat denn überhaupt Deutschland, wer hat Österreich als Emigrant verlassen? Nur wer mußte. Parteimitglieder der SP und KP, deren Leben gefährdet war, wenn sie blieben. Und wer noch? Gesinnungsathleten? Nein, fast ausschließlich «rassisch» Belastete und «nichtarisch Versippte» von Adorno bis Zuckmayer.

Auch Österreich, das potentielle Opfer Hitlers, schmeichelte dem Verfolger und schikanierte dessen Opfer. (Dies wäre ein wesentlicher Gegenstand des besagten, leider nicht mit diesem identischen Buches.)

Und alsbald waren, was Deutschland und die Deutschen

betraf, alle Standpunkte völlig verwirrt und verwischt und verwaschen, und dies eben darum, weil man nicht zwischen Deutschland und den Deutschen unterschied.

Ein Deutscher, mein Freund, wollte sich in Österreich entspannen, wollte Urlaub vom Hakenkreuz nehmen. Kaum war er jenseits der deutsch-österreichischen Grenze, bereitete man seinem Wagen, weil er ein deutsches Kennzeichen hatte, Ovationen.

Wer «national» war, fand alles Deutsche ungeschauter großartig.

Wer gegen Hitler war, wollte Wilhelm Backhaus nicht hören.

Als ich erfuhr, daß Joachim Ringelnatz Not litt, und eine Kollekte anregte, kam sie nicht zustande, weil er ein Deutscher war.

Bis zum Juli 1934 führte der Herr Dr. Engelbert Dollfuß unsere Republik, die keine mehr war, mit Volldampf in ihre unselige Vergangenheit ohne Parlament und mit den alten k. u. k. Uniformen und Distinktionen. Er wollte Österreich retten, sagte er, und ließ zu diesem Zweck mit seiner Artillerie auf Arbeiter schießen und Sozialdemokraten hängen.

Aber er starb durch braune Putschisten und wurde dadurch zum Märtyrer stilisiert.

(Immerhin spricht es für die zweite Republik, daß er nicht geehrt wird, daß die zahlreichen Dollfuß-Plätze, die dann Adolf-Hitler-Plätze wurden, nicht in Dollfuß-Plätze rückverwandelt wurden, sondern wieder «Hauptplatz» oder «Rathausplatz» heißen.)

Sein Nachfolger, Dr. Kurt von Schuschnigg, war ein kluger und redlicher Mann, er war Christ, ohne Klerikaler zu sein. Er war um ebensoviel zu still, als Dollfuß zu laut gewesen war. Schuschnigg hatte eine Cellostimme, Dollfuß hatte eine Hühnerhofstimme.

Er war, wie knappe zwei Jahrzehnte vor ihm der letzte Habsburger-Kaiser, eine tragische Figur, belastet mit den Hypotheken der Nachfolge. Er wußte mehr, als er durchführen durfte, er war nicht elastisch genug, um das Ruder völlig herumzureißen. Immerhin berief er Bruno Walter an die Wiener Staatsoper und holte den deutschen Emigranten Josef Gielen an die Bundestheater.

Und Arturo Toscanini, nach einem kurzen Intermezzo unbegreiflicher Annäherung mit den Wagners verfeindet, wollte in Salzburg ein demonstratives Anti-Bayreuth abhalten.

Ein großes und wichtiges Unternehmen. Denn bei uns (man merkt es ja auch in diesem Bericht immer wieder) ist die Politik sehr weitgehend von der Kulturpolitik bestimmt.

Doch wie verwirrt und verhatscht stellte man's an! Neben «Fidelio» und «Zauberflöte» von Toscanini geleitet «Die Meistersinger von Nürnberg», Reichsparteitag der Zünfte. Hans Sachs schmetterte dem Maestro seine Kampfansage gegen welschen Dunst und welschen Tand entgegen.

Im Februar 1938 hielt Schuschnigg seine große Rede und verkündete seine These von Österreich, dem «zweiten deutschen Staat». Man hat ihm diese Formel oft vorgeworfen, aber ich konnte und kann sie nicht ablehnen, wenn ich sie aus der damaligen Perspektive beurteile. «Deutsch», das war für mich: Lessing, Goethe, Schlegels «Sommernachtstraum» mit Mendelssohns Musik, Wedekind, Hesse, Furtwängler, Adolf Busch.

Daß Österreich nur eine dünne Oberschicht vertriebener deutscher Prominenz aufgenommen und die Menge der Asylsuchenden abgewiesen oder schikaniert hatte, war mein großer Kummer in diesen Jahren. Man hätte mit Gelehrten und Künstlern von draußen ein großes provokantes Gegenbeispiel setzen müssen. Statt dessen drehte man in Wiener Ateliers Filme, deren Mitarbeiter den Nürnberger Gesetzen entsprechen mußten.

Ich war in diesen tragischen dreißiger Jahren gelegentlich in Deutschland. Man brauchte dazu einen besonderen österreichischen Vermerk im Paß, den ich ohne Schwierigkeiten bekam.

Ich fuhr einmal über München in die Schweiz. Wenn man Länder nur als politische Begriffe anzusehen gewohnt ist, tut es gut, die Alltagsrealität zu sehen. Deutschland wurde nicht von Teufeln bewohnt, sondern von den gleichen Deutschen wie vor ein paar Jahren. Ich unterbrach die Fahrt in München an einem wimmelnden Sommernachmittag. Ich ging ohne Scheu und Widerstand mitten durch die Deutschen. Später habe ich rekonstruiert, daß ich angesichts der Feldherrenhalle zum «deutschen Gruß» verpflichtet gewesen wäre. Ich wußte das nicht, aber ich hatte wegen der Unterlassung keine Unannehmlichkeiten.

Ich kam dann (im Sommer 1937) nach Konstanz und

nach Meersburg – schön war's! Ich fühlte keinerlei Haß – nur Trauer und Sehnsucht nach Verlorenem erfüllte mich. Ich kannte so viele Deutsche, ich wußte von so vielen, die das Ende des Regimes herbeisehnten wie ich.

Man kann sich mit etlicher Gewaltsamkeit eine Haltung zurechtlegen, angewöhnen. Aber man ist nicht Herr seiner spontanen Reaktionen, seiner Aufwallungen.

Am Abend des elften März 1938 war Österreich zu Ende. Ich wußte, daß ich bald ins Ausland gelangen mußte, nicht nur wegen meiner «Abstammung», sondern auch als Autor von Texten, die, sagen wir, links gewesen waren.

Ich ging über den Wiener Getreidemarkt an einem strahlenden Vorfrühlingsvormittag, am zwölften oder dreizehnten März 1938. Da sah ich Berliner Autobusse, die mir so vertraut waren, da sah ich Berliner Polizisten, Schupos, deren charakteristische Helme ich von damals her so gut kannte ...

Ich war gerührt, ich war bewegt, ja: von Wiedersehensfreude! Ich war angeheimelt. Fast hätte ich ihnen zugewinkt.

Und am neunzehnten fuhr ich über die Grenze, die keine mehr war, aber für alle Zukunft eine geworden war.

Adolf Hitler hat am Tag unserer «Heimkehr ins Reich» die Unabhängigkeit der Republik Österreich besiegelt.

Hauptstadt in Bewegung

Ich fuhr von Wien nach Salzburg und mit demselben Zug weiter nach München.

In München hatte ich Aufenthalt, ehe ich in Richtung Lindau weiterfuhr.

München war damals noch die Hauptstadt von Bayern.

Heute ist München längst eine Art Exklave. Eine Art Hauptstadt an sich.

Hätte man München vorgeschlagen, Hauptstadt von Deutschland zu werden, hätte München die Bedingung gestellt, daß Deutschland vorher in «Bayern» umgetauft werde.

Es ist im Rückblick kaum zu verstehen, daß Hitlers Gründung just in München stattfand und sich als NSDAP, nicht als NSBAP, konstituierte.

Die Bayern sind rabiat, sie sind rebellisch, sie sind national, aber sie sind nicht deutschnational, sondern bayrisch-national. Sie sind innerhalb Deutschlands, was die Ungarn innerhalb unserer Habsburger-Monarchie waren. (Extra Bavariam non est vita.) Während aber Budapest den Ehrgeiz der Elegance, des Weltstädtischen hatte, wollte München bestenfalls eine Residenzstadt sein, noch lieber eine gewesene Residenzstadt, mit irgendeinem Prinzregenten, der populär ist, aber nicht regiert, und dies anstelle eines Königs, der noch ärger spinnt als die beiden bekannten Ludwige; der erste hatte schlechte Verse gedichtet und die Lola Montez, der zweite kletterte mit dem Richard Wagner in den Bäumen herum.

(Ja, tatsächlich: Im Sommer 1925 oder 1926 besichtigte ich die Hundinghütte im bayerisch-österreichischen Grenzgebiet bei Reutte. Dort war der Schauplatz des ersten Akts der «Walküre» nachgebaut, eine Hütte mit einem Baum in der Mitte, und dort habe, erzählte der Hüttenwart stolz, der Ludwig II. mit dem Richard Wagner in Hängematten hoch oben übernachtet.)

Zurück zu München, der königlich bäuerischen Stadt, einer Hauptstadt in Lederhosen, derb, rustikal, alpin, allerdings mit großzügigen Boulevards, mit dem prächtig weiten und wohlgepflegten Englischen Garten. München war eine Stadt der Malerei, verfügte zu diesem Zweck über den schönen Glaspalast, München lockte Autoren an: Frank Wedekind, Thomas Mann, Gustav Meyrink, München hatte eine ehrgeizige Oper, ein staatliches Schauspielhaus und die angesehenen städtischen Kammerspiele, München verfügte über eine aktive Richard-Wagner-Pflege, war aber seit dem Einzug Bruno Walters eine wesentliche Mozart-Stadt. Ob München damals eine Großstadt war? Eher die größte deutsche Kleinstadt. Eine Untermittelgroßstadt.

Heute ist München gewiß eine Großstadt, wenn auch vielleicht eine Um-eine-Nummer-zu-groß-Stadt. Lederhosen sind spärlich.

Damals war München eine Stadt hemdärmeliger Gemüt-lichkeit, ein Bier-Mekka, eine Stadt der Volkssänger und Lokalkomiker (unter, nein: über ihnen das Genie Karl Valentin), eine Stadt politischer Unruhe (die zum Image von München ebensowenig zu passen schien wie zum Image Wiens; doch: Hütet euch vor den Gemütlichen!), von Hitler zur «Hauptstadt der Bewegung» stilisiert, ohne daß die Braunen hier tatsächlich besonders starke Wurzeln im Volk aufzuweisen gehabt hätten. Eine Ländler- und Schuhplattlerstadt, Vorzimmer des schma-len deutschen Anteils an den Alpen, katholisch und konservativ bis zum Exzeß, monarchistisch, aber dies mehr l'art pour l'art als militant, Heimat der satiri-schen Wochenschrift «Simplicissimus», wichtige Verle-gerstadt neben Leipzig, Stuttgart und Berlin, Heimat des liebenswerten lokalen Humoristen und Demokra-ten Ludwig Thoma, sich selbst genügend, gegen alles Preußische unvorstellbar rabiat, wobei «preußisch» nicht wörtlich zu nehmen war und eigentlich alles Nicht-bayerische einschloß.

Dieser Urhaß, dieses konstituierende archaische Ele-ment der so gern kochenden bayerischen Volksseele, würde, um gedeutet werden zu können, eine neue Schule der Seelenkunde erfordern, eine Primitiefenpsychologie, die den Leckmicham-Archetypen nachspürt.

Ich bin mit einer kultivierten, wohlerzogenen, freund-lichen Dame aus Basel befreundet. Als ich ihr erzählte, daß ich an einem Buch über die Schweiz arbeite, sagte sie völlig ernsthaft, fast leidenschaftlich-beschwörend: «Da wirst du aber hoffentlich schreiben, wie schrecklich die Zürcher sind!»

Ja, der Haß. Die Katholiken hassen die Protestanten, die Nordstaatler hassen die Südstaatler, die Iren hassen die Engländer und umgekehrt, die Unterinntaler hassen die Oberinntaler, die Attnanger hassen die Puchheimer, die Döblinger hassen die Hietzinger, die Anwohner der Südbahnstrecke hassen die Anwohner der Westbahnstrecke und umgekehrt, die Schleswiger hassen die Holsteiner, die Ulmer hassen die Neu-Ulmer, die Fürther hassen die Nürnberger, die Castroper hassen die Rauxeler und umgekehrt, und ähnlich, wenn nicht noch heftiger, ging und geht es in Bayern zu. Clemenceau und Poincaré können die Preußen nicht wilder gehaßt haben, als die Bayern sie haßten und hassen. Die Preußen ihrerseits haben nicht mit dem gleichen Kaliber zurückgeschossen. Ich kann mir Preußenverfolgungen in Feldmoching, Schliersee und Ottobrunn vorstellen, nicht aber Bayernverfolgungen in der Mark Brandenburg.

Karl Kraus hat 1896 geschrieben: «Wien wird jetzt zur Großstadt demoliert.»

Analog hätte man 1945 feststellen können: München wird zur Großstadt besiegt.

Die Münchener konnten nichts dafür. Sie haben's nicht gern getan.

Die Sieger teilten ihre drei westlichen Zonen in neue Bundesstaaten ein. Sie schufen die aberwitzige Einheit «Baden-Württemberg», die durch nichts gerechtfertigte Einheit «Nordrhein-Westfalen», sie dilettierten und patzten, aber sie hüteten sich davor, an den groben Klotz Bayern zu rühren.

Bayern war, ausnahmsweise, einsichtig und forderte nicht den Status eines Königreichs, ist aber heute immerhin der «Freistaat Bayern».

Und einer unbeschreiblichen Wohnungsnot zum Trotz blieben alle, die es hierher verschlagen hatte, und kamen alle aus allen Richtungen der deutschen Windrose hierher. Die amerikanische Armee verhält sich bewußt diskret, und wenn man nicht genau hinschaut, merkt man sie in München kaum. Aber die deutsche Besetzung Bayerns durch deutsche Nichtbayern ist in München unübersehbar und vor allem unüberhörbar.

Berlin war unwiderruflich in mystische Fernen gerückt.

München kannte jeder. München bot sich so vielen, die die Wahl hatten, als neue Wohnstatt an. München hatte, solange man sich's vorstellte und noch nicht dort war, etwas Anheimelndes.

Und so wurde – neidvoll sahen's Stuttgart, Frankfurt, Köln, Düsseldorf – Hannover und Hamburg blieben kühl –, so ward aus München ein kleineres Neo-Berlin, ein innerdeutsches Sprachen- und Völker-Babel.

Sie sind nicht mehr unter sich, auch außerhalb der Touristensaison. Sie finden im Stamm-Bräu keinen Platz, weil Nichtmünchener dort sitzen.

Einzug der Spartaner in Athen – Einzug der Athener in Sparta? Ich habe lange nachgedacht. Ich weiß es nicht.

Die Ureinwohner sind jedenfalls in die Defensive gedrängt. Schwabing, einst idyllisches Künstlerviertel, heute dicht und lärmend zu Montmartre-Dimensionen empordegeneriert.

Es gibt zwei Möglichkeiten. Aber in Wirklichkeit gibt's ja doch nur eine.

Die, die's nicht gibt: daß aus dem Gemisch der vielen Zuzügler mit den Bayern ein neues Volk entsteht, ähnlich wie aus vielen Einwanderern die Nordamerikaner wurden.

Die andere, die Höchstwahrscheinlichkeit: daß die bayerische Ursubstanz sich als resistent und dominierend erweist, daß durch Schule und Umwelt und Föhn und Alpennähe und kräftige Mischung aus allen, die da kamen, im Fortschreiten der Generationen relativ bald echte, urtümliche, klassische Münchener geworden sein werden, daß die Lederhosen aus dem Untergrund wieder auftauchen, daß München nicht mehr ein Pfahl im bayerischen Fleisch sein wird, sondern die legitime Hauptstadt von Freising, Straubing, Deggendorf und Rosenheim.

Lange Jahre hatte die übervölkerte Großstadt wider Willen ihre verkehrstechnische Vergangenheit nicht überwunden. Dann aber gelang es dem sympathischen und weitblickenden damaligen Oberbürgermeister mit bajuwarischer List, Abhilfe zu schaffen. Nicht daß die Olympischen Sommerspiele an München vergeben wurden, war das Heldenstück, sondern daß er Jahre vor dem olympischen Sommer die Stadt großzügig und aufwendig auf ihn vorbereitete, durch Gelder, die er sonst nie hätte locker machen können.

Da wuchsen nicht nur die Sportanlagen aus dem Boden, sondern auch Hotels, da erblühten, wohlgeplant, neue

Verkehrswege, Avenuen, Um- und Überfahrungen und Unterführungen, da wühlte sich ein Untergrundbahnnetz in die Erde.

Wenn aus der Million derzeitiger Bewohner eine Million von Bayern geworden sein wird, werden sie allen Anlaß haben, auf ihre Vaterstadt stolz zu sein.

Der Stärkere

Ich kam am ersten Tag der Reise bis Friedrichshafen.

Ich danke meine ruhige, ungefährdete Auswanderung, vielleicht sogar mein Leben, vermutlich der Tatsache, daß ich ohne Ressentiment und Vorurteil schon vorher durch Deutschland reisen wollte und daher im Paß den entsprechenden Vermerk hatte, den ich auch nach dem Einmarsch der Deutschen brauchte, um durch das seit kurzem so genannte «Altreich» zu reisen.

Ich kannte auch die Straße, die von Konstanz in die Schweiz führt, ich mußte nicht fragen, nicht suchen, nicht auffallen.

In Friedrichshafen nahm ich ein Hotelzimmer und saß dann in der Gaststube. Ich kam mit Friedrichshafenern ins Gespräch. Sie merkten, daß ich Österreicher war, sie fragten, wie's in Österreich sei.

Ich sagte nicht: «Jetzt sind wir also Deutsche.»

Ich sagte auch nicht den kostbaren Satz, den ich erst später in Zürich hörte. Die Schauspielerin Margit Weiler hatte einen Brief ihrer Haushälterin aus Wien bekommen. Darin stand: «Alle jubeln, aber niemand freut sich.»

Ich weiß nicht mehr, was ich sagte.

Ich fühlte mich wohl unter Deutschen in Deutschland,

zum letztenmal. Sie waren, wie sie immer gewesen waren, wie ich sie kannte. Sie waren nicht die Barbaren, die man sich ausmalte.

Am nächsten Tag fuhr ich nach Konstanz, ließ meinen Koffer in der Gepäckaufbewahrung, ging – es war Sonntag – spazierend zu der Straße, die ich kannte, zeigte den beiden Grenzposten meinen Paß und war in der Schweiz.

Vom Herbst 1938 an lebte ich in Basel. Man konnte mit der Straßenbahn an die deutsche Grenze fahren. Die Eisenbahnlinie nach Zürich folgt dem Ufer des Rheins, der noch sehr schmal ist. Am drüberen Ufer ist Deutschland. Von vielen Punkten Basels sieht man hinüber zum Schwarzwald.

Natürlich hatte ich Heimweh, natürlich dominierten Wien und Österreich in meinen Rückkehrphantasien. Natürlich hoffte ich, als der Krieg begonnen hatte, auf die deutsche Niederlage. Aber nach wie vor sah ich in den Deutschen Opfer des Nationalsozialismus nicht anders als in den Österreichern (obwohl dort und da alle jubelten und auch mit «Ja» stimmten, obwohl es da und dort Faschisten und Antisemiten gab wie in Frankreich und den Vereinigten Staaten auch).

Und wenn ich Deutschland so nah sah, sehnte ich mich, drüben zu sein, zumindest drüben sein zu können, zu dürfen.

Und ich hatte oft Streit mit anderen Emigranten. Sie machten sich, noch ehe es verkündet wurde, das Prinzip der Kollektivschuld zu eigen. Es gab für sie nur Emigranten auf der einen und Nationalsozialisten auf der anderen

Seite. «Deutscher» und «Nazi» waren für sie Synonyme geworden. Von jenen, die ihre Heimat verloren hatten, hörte man immer wieder das kategorische «Nie wieder!». Sie gaben, ohne es zu wollen, ohne es zu wissen, ohne sich der grauenhaften Konsequenzen bewußt zu sein, indirekt den Nationalsozialisten recht, die in ihnen nicht Deutsche, sondern Fremdkörper sahen.

Mir war als herrlicher Gegenbeweis ein Vorfall aus Wien unvergeßlich. 1938. Ein Zeitungskolporteur verabschiedete sich von seinen Kollegen. Er ging ins Ausland. Sie fragten nach dem Grund. «I bin a Jud.» – «Was? *Du* bist a Jud? Hörst, des is ja der helle Wahnsinn!»

Ich debattierte, ich predigte: Wärt ihr ausgewandert, wenn Hitler nicht an die Macht gekommen wäre? Natürlich nicht. Daß ein Unterschied zwischen euch und den «Ariern» ist, behaupten ja nur die Nürnberger Gesetze. Wenn einmal die Nürnberger Gesetze nicht mehr in Kraft sind, fällt ja jede Grundlage für euer Fernbleiben weg. Und wenn ihr dann weiter fernbleibt, bestätigt und verewigt ihr ja die Nürnberger Gesetze!

Aber es war meist hoffnungslos.

Und blieb es weit über das Kriegsende hinaus. Als ich solche Gedanken aus gegebenem Anlaß in einer vierteiligen Artikelserie publizierte, distanzierten sich zwei langjährige liebe Freunde und Mitarbeiter offiziell von mir: Es ist ein Unterschied zwischen Juden und Nichtjuden. Es hat Jahre gedauert, bis Leopold Lindtberg und Friedrich Torberg allmählich in ihre Freundschaft mit mir zurückfanden, und ich bin aufrichtig glücklich darüber.

Seit ich die Grenze am neunzehnten März 1938 bei Salzburg überschritten hatte, fühlte ich mich auf der Rückreise. Das Exil war für mich nur eine Station auf der Reise von Wien nach Wien. Und da ich nahe bleiben wollte, sabotierte ich listig die Erteilung eines US-Einwanderungsvisums, die mir von den Schweizer Behörden nahegelegt wurde.

Ich bin dann auch, wie ich 1938 zu Fuß bei Konstanz emigriert war, 1945 bei St. Margrethen zu Fuß remigriert.

Einmal hab' ich in der Schweiz ein Gedicht, eher: ein Lied geschrieben. Ich hab's nicht mehr, ich kann's auch nicht auswendig. Es war auch nicht gut. Es war nur wichtig. Durch den Krieg innerlich gespalten, ist der Emigrant mit beiden kriegführenden Seiten verbunden, und beide sind seine Feinde. Er leidet unter den Bomben auf England wie unter den Bomben auf Deutschland; seine Freude ist eine halbe Freude, sein Leid ist ein doppeltes Leid.

Ich erinnere mich an einen Brief, den ich im letzten Stadium des Kriegs an eine deutsche Schauspielerin in der Schweiz geschrieben habe ..., er endete mit dem Gruß: Auf Wiedersehen im Vierten Reich!

Dieses Vierte Reich stellte ich mir nicht als Vereinigung von Deutschland und Österreich vor, Österreich war (nicht nur für mich!), solange es von der staatlichen Realität zur Idee reduziert war, derart aufgewertet, mit einer Fülle von positiven Vorzeichen angereichert, daß es dann im Frühjahr 1945 der staatlichen Realität gewachsen war, daß aufzuerstehen imstande war, was in dieser Manier nicht existiert hatte.

(Dazu haben auch die Sieger dieses Zweiten Weltkriegs überraschenderweise einen positiven Beitrag geleistet, Ausnahme von der Regel ihrer Instinktlosigkeit und politischen Gottverlassenheit bei der Gestaltung des Nachkriegs. Sie haben Österreich vernünftigerweise die Selbständigkeit gewährt und zehn Jahre später in einem neuerlichen Anfall überraschender Vernünftigkeit den Staatsvertrag.)

Aber ungeachtet aller österreichischen Auferstehungseuphorie wußte ich (wer noch?): Im Interesse und im Namen Österreichs hatte Deutschland zu existieren und möglichst bald zu blühen. Was fingen denn wir armseligen sieben Millionen Deutschsprachigen an, wenn neben uns ein verewigtes Trümmerfeld, eine Strafkolonie deutscher Sprache vegetierte?! Auf Deutschlands Auferstehung zu hoffen, war für die deutschsprachigen Schweizer und uns blanker Egoismus, war ein Gebot der Vernunft. Leider war die Vernunft spärlich, die Rachsucht sehr verbreitet, auch bei den westlichen Siegesanwärtern. Gerade wenn man auf ihrer Seite war und geblieben ist, muß man sie daran erinnern – an den Morgenthau-Plan, der Deutschland umpflügen und agrarisieren wollte, an die ersten Demontagen (ich habe sie zähneknirschend in der Wochenschau gesehen).

Alle anderen rund um mich waren gegen jeden Deutschen, es sei denn: sie hätten authentisch Günstiges über ihn erfahren.

Ich war für jeden Deutschen, es sei denn: ich hätte authentisch Ungünstiges über ihn erfahren.

Ich war sehr belastet durch das Bewußtsein meiner unverdienten Privilegiertheit. Es war mir ja nicht schwergefallen, politisch anständig zu sein. Ich hatte ja keine Wahl gehabt. Mich hätten sie ja nicht in die Partei aufgenommen. Wer weiß, wie ich reagiert hätte, wenn ich die Wahl gehabt hätte?! Ich hatte ja keine Karriere aufzugeben. Mir hatte Hitler die Chance genommen, mich in freier Entscheidung zu bewähren. Wie sollte ich wieder ein gleichberechtigter Freund und Kollege meiner künftigen Freunde und Kollegen sein, wenn ich keinen Militärdienst geleistet, keinen echten Fliegeralarm erlebt hatte?

Ich hatte reichlich Gelegenheit, mich von denen, mit denen ich mich in einer sogenannten Schicksalsgemeinschaft befand, zu unterscheiden.

Einmal kam ein deutscher Schauspieler als Flüchtling in die Schweiz – den Namen hab' ich leider vergessen. Seine Kollegen waren abweisend, sie titulierten ihn «Nazi». Ich stellte mir vor, daß Zürich für ihn eine Art Paradies war, die dortigen Schauspieler bewunderte und beneidete Größen. Er kam, stellte ich mir vor, nach dem lebensgefährlichen Risiko der Desertion mit offenen Armen, offenen Herzens in die Freiheit und wurde zurückgestoßen.

Ich schrieb damals einen Artikel in einem kleinen Emigrantenblättchen, ich bemühte mich, für den mir unbekannten Schauspieler einzutreten, den Unterschied zwischen Deutschen und Nationalsozialisten zu betonen.

Mit Axel von Ambesser bin ich seit langer Zeit befreundet. Wann die Freundschaft meinerseits begonnen hat, hab' ich ihm gleich bei der ersten Begegnung erzählt:

Während des Kriegs sah ich ihn in einem deutschen Film und wußte genau: Der kann keiner sein!

Im Basler Theater wurde «Minna von Barnhelm» geprobt. Minna sagte zu Franziska: «Mädchen, ich habe einen zänkischen Rausch ...»

Der Regisseur, Gustav Hartung, einst ein angesehener Theatermann, jetzt Emigrant und seelisch arg belastet, brach bei dieser Stelle fast zusammen, ohne ersichtlichen Anlaß. «Was wir verloren haben!» rief er schluchzend.

Ich hatte, so wollten's die Schweizer Behörden, meinen österreichischen Paß beim deutschen Konsulat abgeben und gegen einen deutschen Paß eintauschen müssen. Mein neuer Paß enthielt den Stempel «J» und den vorgeschriebenen zusätzlichen Vornamen «Israel». Den Namen hatten die Deutschen eingeführt, den Stempel die Berner Fremdenpolizei, die gleichfalls zwischen «Deutschen» und «Juden» unterschied.

Als der Krieg zu Ende war, ging ich in das deutsche Konsulat und wollte den österreichischen Paß zurückhaben. Das war nicht möglich. Das Personal war so tief in Verwirrung, daß ich an mich halten mußte, die Armen nicht zu trösten. Ich wäre dazu durchaus legitimiert gewesen, nicht nur im Sinn der christlichen Lehre, sondern weil ich der Stärkere war.

Im Jahr 1937 war ich auf Capri gewesen. Hermann Göring besuchte die Insel und blieb einige Tage. Ich sah ihn ganz aus der Nähe. Und ich dachte: Einmal wird eine Zeit kommen, da würdest du gern mit mir tauschen.

Jetzt, acht Jahre später, war's so weit.

Monologisches Intermezzo

Bin ich zu egozentrisch?

Wenn ich hier viel von mir erzähle, meine ich mich selbst nur bedingt.

Ich will der Anlaß sein, nicht der Inhalt. Der Autor, nicht der Gegenstand.

Der Gegenstand heißt Deutschland.

Ich hole ein bestimmtes Stück aus dem Magazin der Erinnerung heraus. Dabei wachsen mir neue Erinnerungen zu. Und das alles meint ... nein, doch nicht Deutschland, sondern meine unglückliche Liebe zu Deutschland, nein, auch nicht, sondern die Beziehung Österreich–Deutschland, an einem Einzelfall aufgerollt.

Man schreibt immer wieder über die deutsch-französischen Beziehungen, warum auch nicht?

Aber warum nicht auch einmal über das, was eigentlich uns beide, Sie und uns, zu interessieren hätte, deutsche Leserinnen und Leser?

Die Begegnung findet längst wieder statt, aber sie ist kaum Gegenstand des Nachdenkens, sie scheint selbstverständlich und ist doch sehr mysteriös in ihrer Selbstverständlichkeit.

Deutschland–Österreich, das ist mehr als der Giesecke im

«Weißen Rössl» und das dumme Lustspiel «Schwarzbrot und Kipfel».

Das ist auch nicht die tabellarische Aufzeichnung Hugo von Hofmannsthals über Preußen und Österreicher, für die ich mich schäme, die ich so schrecklich finde, daß ich ihr nicht einmal die Ehre antun will, sie im einzelnen ernsthaft zu negieren.

Da gilt eher das Wort in einem verschollenen Buch des verschollenen österreichischen Autors und Politikers und im Exil verstorbenen Guido Zernatto: Deutschland: der Prinz von Homburg, der gegen den Befehl gehandelt und gesiegt hat und dafür bestraft werden soll – Österreich: der Maria-Theresien-Orden, der einen Soldaten belohnt, wenn er ohne oder gegen einen Befehl erfolgreich war.

In Hofmannsthals schönem Lustspiel «Der Schwierige» ist der Gegensatz eher charmant und wissend dargestellt. Da gelangt ein deutscher Adeliger in die liebevoll stilisierte, überhöhte österreichische Aristokratie. Und wie es zwischen denen und ihm nicht funktionieren will, das ist sehr klug beobachtet und auch von der Sprache her brillant durchgeführt.

Dieser deutsche Deutsche namens Neuhoff sagt alles, was er sich denkt. Er ist direkt, geradeheraus. Und das ist eine deutsche Eigenschaft, die uns oft zu schaffen macht. Sturmerprobte Theaterleute wissen, was ich meine, und lächeln mit mir.

Wenn ein österreichischer Schauspieler in der Pause oder nach Schluß einer Generalprobe die Kollegen in der Garderobe aufsucht, und es hat ihm nicht gefallen, rettet er sich entweder in Allgemeinheiten, «Hochinteressant», «Sehr anregend», oder er lügt aus Nächstenliebe schamlos, «Hinreißend», «Hervorragend», «Wundervoll».

Der deutsche Kollege oder die deutsche Kollegin sagt in solchen Fällen (ohne gefragt worden zu sein): «Mensch, was ist euch denn da eingefallen? Ich find's einfach beschissen.» (Dutzendemale erlebt.)

Du sollst nicht falsches Zeugnis ablegen, ich weiß, aber eine solche Abwertung, mag sie noch so berechtigt sein, hilft niemandem, sie schadet und schädigt – und ich weiß, daß, wenn schon nicht «die Deutschen», deutsche Theaterleute so sind.

Drum ist dieser Deutsche bei Hofmannsthal sehr typisch in seinem Drang zur Ehrlichkeit um jeden Preis, auch in seinem Hang zum großen Wort gegenüber dem österreichischen Unterspielen. Er illustriert charmant unsere Verständigungsproblematik, so lange, bis der Autor darüber hinausgeht und den Neuhoff bösartig werden läßt, und da hören sich Charme und Lustspiel auf.

Gibt es eine authentische Darstellung der österreichisch-deutschen Begegnung, historisch, psychologisch? Wenn ich, wie sich's gehörte, schriebe: «der deutsch-österreichischen» Begegnung, wär's schon wieder mißverständlich. Alles ist so heikel – warum eigentlich? Niemand bei uns will sich mehr anschließen, höchstens umgekehrt, wie einmal der freundliche deutsche Autor Bernd von Heiseler ausgerufen hat: «Nicht ihr an uns – schließt doch Deutschland an euch an!» Aber auch da ist keine Gefahr.

Heiseler wohnte in Wasserburg am Inn, da geht's. Aber

im allgemeinen ist alles, was die einen betrifft, bei den anderen einerseits zu bekannt, um reflektiert zu werden, andererseits doch ungeheuer fremd, weil scheinbar so bekannt. Wie man fälschlich glaubt, daß die Amerikaner etwas Vergleichbares wären, weil sie sich auch der englischen Sprache bedienen.

Die gemeinsame Sprache ist eine Barriere. Man nimmt sich nicht die Mühe, hinzudenken. Man meint: man weiß es sowieso. Beziehungsweise: Man weiß es eh.

Ein paar Politiker aus dem Fernsehen, ja, aber worum geht es?

Heinz Rühmann dort, Paul Hörbiger da, zu wenig.

Feriengäste, denen zuliebe man auch Dortmunder Bier importieren muß, was der Zahlungsbilanz nicht gut tut.

Keine österreichischen Feriengäste auf Sylt und Helgoland.

Nestroy-Rezeption, Karl-Kraus-Renaissance, totale Sperre gegenüber Raimund, Polgar im toten Winkel, giftige Ahnungslosigkeit gegenüber Arthur Schnitzler.

Einige Bereitschaft für Graß; aber sonst neue deutsche Autoren in Österreich kaum vorhanden.

Bachmann, Aichinger, Eisenreich, Handke, Frischmuth, Celan, Canetti, Amery, Jonke, Bernhard ..., das sind Österreicher? Habe und Simmel auch? Österreicher heißen anders. Österreicher haben Doderer zu heißen.

Und die sprachlichen Unterschiede als großes Beispiel für die Verschiedenartigkeit? Nein, das ist bestenfalls Kabarett und Feuilleton. Spagat oder Bindfaden, Aufzug und Fahrstuhl, Kursbuch und Fahrplan, das gibt nichts

Substantielles her. Sprachliche Unterschiede bestehen ebenso zwischen Garmisch und Emden, zwischen Eisenstadt und Wörgl.

Was sind die konstituierenden Unterschiede – sofern man überhaupt außerhalb des Feuilletons verallgemeinern darf? Außer der provokanten Ehrlichkeit am Rand der Taktlosigkeit dort – der Schmähfreundlichkeit hie?

Die Zubereitung des Getränks Kaffee und die Betonung des Wortes Kaffee. Skat dort, Tarock hie. Der fehlende Konjunktiv und die Abwesenheit des Imperfekts hie.

Affinität zum Balkanischen, immer noch, hie.

Der tierische Ernst in der Innenpolitik dort, die fast opernhafte große Theatralik der Auseinandersetzungen, doch ohne sänftigende Verdi-Musik.

Überhaupt: Deutschland dramatisch, Österreich lyrisch, nicht in der Produktion von Musik und Texten – in der Haltung, in der Gestaltung des Zusammenlebens (das Wort «Gesellschaft» verwende ich nicht). Deutschland seria, Österreich buffa.

Wer in Deutschland wählt, ist überzeugt. In Österreich wählt er den, weil er den andern noch weniger leiden kann.

Deutsches Kabarett (eine Erkenntnis Gerhard Bronners): Ein kluger Mann sagt: Unsere Regierung ist fürchterlich. – Österreichisches Kabarett: Ein Trottel sagt: Unsere Regierung ist prima.

Deutschland: Zwietracht. Österreich: 's wird schon net so arg sein.

Deutsche Schlamperei: Labyrinth. Österreichische Schlamperei: Umweg.

Deutschland: Zweimal zwei ist vier. Österreich: Darf's ein bisserl mehr sein?

Doch alle diese Gegensätzlichkeiten gleiten ja doch wieder nach unten (sagen die Deutschen), hinunter (sagen die Österreicher) ins Feuilletonistische.

Es geht ja doch nicht um sie. Es geht darum, daß wir abwechselnd mehr oder weniger vereint, vereinigt, getrennt, angeschlossen, abgeschlossen waren, zwei Volk, ein Reich, kein Reich, zwei Staaten (Nationen?), auf Befehl separiert, von Natur aus zweierlei, und daß wir, bitt' schön, nebeneinander sind, nicht nur in Kärnten am Strand, in Salzburg beim Böhm, in München und Frankfurt Geschäfte abschließend, in der EWG leider nicht, in der Unesco leider ja, in der Uno ..., gibt's die noch? Ich weiß nur, daß bei uns ein Politiker bei der Bundespräsidentenwahl durchgefallen ist, und weil er diesen Beruf schon erlernt hatte, mußte er eben Uno-Generalsekretär werden.

Wir sind von ZDF und ORF gemeinsam heimgesucht, von denselben Illustrierten der Erwachsenenverbildung unterworfen, und wir wußten nichts und wissen nichts, damals nichts von Braun, Severing, Stresemann, Marx, Hugenberg wir, von Seipel, Bauer, Seitz, Schober, Kunschak ihr. Ihr: die Organisation, die Tüchtigkeit, wir: die Schlamperei, die Lustige Witwe. Dann wußten wir nichts von Blank, Mende, Högner, ihr nichts von Figl, Raab, Pittermann, wir und ihr hatten nur zweierlei Gemeinsames, früher den Hitler, jetzt den Karajan, doch wir wissen nichts von Wehner (beneidet uns nicht, wir sollten!), ihr wißt nichts von der Kronen-Zeitung und habt den Namen Benya nie gehört ...

Ein drittes, wesentliches Gemeinsames: Vogts, Müller, Meier, Höneß, Breitner. Aber das ist zu wenig. Die Art, wie Bundesdeutsche Fußball spielen – Pelé kann für uns nicht so exotisch sein. Ihr spielt, um Tore zu schießen. Ihr habt ein Konzept. Ihr gewinnt. Wir sind begabt. Wir spielen philharmonischen Fußball. Wir sind wahrscheinlich begabter. Wenn's ganz besonders günstig wird, spielen wir besser. Tore schießen – nein, das ist uns zu direkt. Daß Thomas Mann, daß Gerhart Hauptmann Tore schießt, kann man sich vorstellen. Aber Robert Musil, Franz Kafka?

Ja, ja, die Deutschen, die können's! Wir sonnen uns in der Inferiorität, die wir pflegen, um uns sonnen zu können. Ihr arbeitet. Wir spielen.

Dieses Zweierlei zu vereinigen, dialektisch zur nächst höheren gemeinsamen Stufe zu veredeln ... Adolf Hitler hat es uns versaut.

Ihr seid der Computer. Wir sind das, was man ihm eingibt.

Nein, ich komme aus dem Feuilleton nicht heraus, doch auch das ist ein Beitrag zum österreichisch-deutschen Problem.

Deutschland: Bach. Österreich: Schubert.

Beide nebeneinander: herrlich.

Beide einander durchdringend, steigernd, aneinander zu

noch höherer, anderer Vollkommenheit reifend: unvorstellbar. Unausdenkbar. Verboten.

Bleiben wir zweierlei.

Bleiben wir beim Thema.

Bleiben wir dem Feuilleton endgültig fern.

Zurück zur Chronologie!

Das verhängte Fenster

Ich blieb auf der Rückreise nach Wien im Sommer 1945 längere Zeit in Salzburg, doch meine dortigen Erlebnisse, Eindrücke und Erfahrungen sind nur bedingt Gegenstand dieses Berichts.

Die Lage Mitteleuropas hatte sich total gewandelt und war für mich nur in der einen Hinsicht konstant geblieben: sie separierte mich von Deutschland. So nah wie in Basel und im Eisenbahnzug von dort nach Zürich war ich auch hier in Salzburg von Deutschland, doch ebensowenig wie anno Hitler konnte ich anno Truman hinüber.

Die Amerikaner in Salzburg waren kulturfreundlich, sie brachten den Dirigenten Eugen Jochum auf militärischen Wegen zu einem Konzert der ersten Nachkriegsfestspiele 1945 nach Salzburg. Die Engländer waren gleichfalls kulturfreundlich und schleusten den österreichischen Theatermann Helmut Ebbs, der irgendwo in Deutschland saß, nach Graz, wo man nach ihm verlangte. Die Amerikaner überwanden auch den damals noch nicht ganz eisernen Vorhang. Als man den Regisseur O. F. Schuh, der Deutscher war, in der Wiener Russenzone verhaften und verschleppen wollte, brachten die Amerikaner ihn auf

militärischen Wegen nach Salzburg, wo er bei den Festspielen 1946 mitwirkte.

Ich kannte Schuh aus seiner Prager Zeit, Anfang der
dreißiger Jahre. Ich erfuhr, als ich Ende Oktober Wien
erreichte, von ihm und auch von eingeborenen Wiener
Freunden vieles über die Jahre, die ich hatte versäumen
müssen.

Meinen Befürchtungen zum Trotz war ich bald einer, der
dazugehörte, obwohl ich die Kriegsjahre von einem bevor-
zugten Logenplatz aus erlebt hatte. Ich war so sehr da, so
sehr wieder Wiener, wieder Österreicher geworden, daß
ich relativ bald anfangen konnte, dagegen zu sein.

Mich erfreute das erwachte österreichische Selbstbewußtsein, mich erfreute der allseits spürbare allgemeine Widerstand gegen Übergriffe der sowjetischen Besatzungsmacht,
aber mich ärgerte die österreichische Überheblichkeit,
wenn sie sich gegen Deutsche richtete. Hier wäre, fand
ich, Solidarität um so angebrachter gewesen, als wir ja
privilegiert waren; wir waren «befreit», Deutschland war
«besiegt», das war gut für uns, aber halt doch unverdient.
Der sogenannte Dreck am Stecken, den wirkliche, sozusagen praktizierende Nationalsozialisten hatten, war ein
Deutschen und Österreichern gemeinsamer Dreck. Daß
wir uns nachher Deutschen gegenüber aufspielten, als gehörten wir in die Gesellschaft der Holländer, Norweger
oder sagen wir: Dänen ...

Es hatte gewiß Widerstand gegeben, in Fritz Moldens
Erinnerungen kann man über ihn lesen, es war auch beim
Kampf um Wien von einigen tapferen Österreichern eini-

ges getan worden, eine Gruppe katholischer Verschwörer war in Wien hingerichtet worden – aber derlei war ja auch in Deutschland geschehen –, nein, wir hatten zu dieser Überheblichkeit keinen Anlaß.

Doch da war für alle, die dachten wie ich, eine psychologische Schwierigkeit. Wer für «die Deutschen» eintrat, der machte sich als «Nazi» verdächtig.

Bei mir konnte davon keine Rede sein. Um so dringender empfand ich den Antrieb, etwas in dieser Richtung zu unternehmen.

Zuerst schrieb ich ein Chanson mit dem Refrain:

> Es gibt auch grausliche Österreicher,
> Es gibt auch sympathische Deutsche.

Ich ließ es vervielfältigen und verschickte es an viele Adressen mit dem Vermerk, daß der kostenlose Nachdruck beziehungsweise öffentliche Vortrag erwünscht sei. Der Text wurde weder nachgedruckt noch vorgetragen.

Ich war Mitarbeiter Wiener Zeitungen und Zeitschriften, ich schlug dem Herausgeber des «Plan», Otto Basil, mit dem ich mich damals gut verstand, einen Artikel vor. Er war einverstanden. Im fünften Heft des «Plan», Frühjahr 1946, erschien «Das verhängte Fenster». Ein Plädoyer für die Deutschen.

Nun gingen die Wogen sehr hoch. Die Mitarbeiter und Freunde und Gäste des «Plan» kamen regelmäßig zu einer Art lockerer Redaktionskonferenz zusammen. Bei der nächsten Zusammenkunft erschien Dr. Hugo Huppert, Majakowskij-Übersetzer, gebürtiger Österreicher, naturalisierter Sowjetrusse. Wir alle waren mit ihm in angenehmsten kollegialen Beziehungen. Diesmal aber war er völlig offiziell und betont besorgt. Er trug zum erstenmal bei solchem Anlaß die Uniform der Roten Armee. Er protestierte gegen meinen Artikel, er forderte eine Gegendarstellung und schrieb auch vor, von wem diese zu sein hatte: von Herrn Otto Horn, einem als Autor unebenbürtigen KP-Gewerkschaftler. Sie erschien im Heft 6, war teils vernünftig, teils demagogisch und sollte laut redaktioneller Vorbemerkung nur ein Auftakt sein. «Wir ... versprechen, im Heft 8» (Heft 7 war als Jugend-Sondernummer bereits weitgehend vorbereitet) «unserer Zeitschrift, die Summe der Meinungen zu ziehen. Das Kulturproblem Deutschland–Österreich soll in diesem Zusammenhang so klar und eingehend als möglich dargelegt werden.»

Das Heft 8 ist erschienen, enthielt aber nicht die geringste weitere Stellungnahme zum «Verhängten Fenster».

In der «demokratischen» und überparteilichen Tageszeitung «Neues Österreich» (ein Drittel ÖVP, ein Drittel SPÖ, ein Drittel KPÖ bis weit in die späten fünfziger Jahre) erschien ein Leitartikel gegen das «Verhängte Fenster».

Im Frühjahr 1948 hatte ich die Möglichkeit, nach Amerika zu fliegen. Meine Eltern lebten in New York. Auf einem amerikanischen Behelfs-Zivil-Flugplatz bei Tulln waren Vorschriften für den Transit durch deutsches Gebiet affichiert: äußerste, demütigendste Apartheid – keinerlei Kontakte mit der deutschen Bevölkerung gestattet.

Als Hitler die Sowjetunion angriff, soll Bernard Shaw gesagt haben: Man begeht immer wieder den Fehler, daß man glaubt, andere Leute wären so gescheit wie man selbst.

Wenn ich mir die Situation der Bundesrepublik Deutschland vergegenwärtige, sagen wir: als besonderes Symbol die Leichenfeier für Konrad Adenauer mit dem amerikanischen und dem französischen Präsidenten im Kölner Dom, und wenn ich damit die Behandlung der Deutschen im ersten Stadium und auch noch im zweiten Stadium nach dem Krieg vergleiche und andererseits an meine Vorfreude auf das Vierte Reich von 1945 und an das «Verhängte Fenster» von 1946 denke und an die Anfeindungen, denen mein Appell ausgesetzt war, der das Fenster gottbehüte nicht öffnen, nur den Vorhang abnehmen wollte, dann habe ich Mühe, mein Selbstbewußtsein auf ein erträgliches Maß zu reduzieren.

Der Ü-Wagen

Es kamen Filme, darunter auch die guten ersten Defa-Filme, aber auch der verlogene Film «Die Mörder sind unter uns» von Staudte, der eindrucksvolle Kortner-Film «Der Ruf», den der Osten nicht zeigte. Es kamen Illustrierte aus Deutschland. Dann lange nichts. Dann, allmählich, Bücher.

In einem amerikanischen Amt in der Strauchgasse bekam man ohne große Mühe, aber nach völlig undurchsichtigen Richtlinien, Visa zum Grenzübertritt in die Bundesrepublik Deutschland. (Der restlos unverdächtige heimliche Burgtheaterdirektor Erhard Buschbeck war abgelehnt worden.)

Ich konnte also. Und ich hatte natürlich Lampenfieber.

Ich habe sozusagen dreimal Karriere machen müssen, dachte und sagte ich. Einmal ganz normal und organisch in Wien. Dann, sehr erschwert, noch einmal fast von null an, in der Schweiz. Und nach der Rückkehr, wenn auch recht glatt, doch immerhin noch ein drittesmal, in Wien.

In Deutschland, vielleicht war das überheblich, wollte ich nicht zum viertenmal entdeckt werden. Ich wollte gewiß nicht im Stil des zweiten Akts der «Aida» einziehen. Aber gerade weil ich schon so lange so sehr und so risikofreudig

Partei für «die Deutschen» genommen hatte, wünschte ich mir, daß die, zu welchen ich kam, wissen sollten, wer kam. Daß ich nicht meinen Namen nennen würde und als Antwort bekam: «Ja – und?»

Vielleicht war das, wie gesagt, überheblich. Jedenfalls wurde ich so bestraft, wie man in moralischen Erzählungen für Hoffart und Überheblichkeit bestraft wird.

Meine Kollegen Reinhard Federmann und Milo Dor, abenteuer- und reisefreudig, hatten Verbindung zur «Gruppe 47». Sie wollten zu der Tagung im Frühjahr 1951 fahren und sorgten dafür, daß ich eingeladen werde. Auch Ilse Aichinger, auch Ingeborg Bachmann hatten vor, nach Niendorf an der Ostsee zu kommen, auch Paul Celan.

Ich war so vorsichtig wie nie zuvor und nie nachher in eigener Sache. Ich bin robust, aber ich wollte diesmal auf diese Eigenschaft nicht angewiesen sein. Alle beruhigten mich. Dort ist ja der Ernst Schnabel, der Intendant des NWDR Hamburg, den kenn' ich, das ist so ein netter Mensch, der weiß natürlich längst alles über dich.

Ich blieb vorsichtig. Ich bekam von dem Wiener Sender Rotweißrot den Auftrag, eine Reportage über die Tagung an Ort und Stelle aufzunehmen. Eine Schlüsselfigur der damaligen österreichischen Literatur schrieb an den Ernst Schnabel einen Brief, den er mich lesen ließ, etwa: Lieber Herr Schnabel, ich glaube ja, daß es sich erübrigt, Ihnen den Hans Weigel vorzustellen ..., er wird für uns einige Aufnahmen machen ..., wir bitten Sie, ihm diese Arbeit zu ermöglichen ... Sie werden sich gewiß freuen, ihn per-

sönlich kennenzulernen, Ihr werdet eine Menge Gesprächsstoff haben ...

So ungefähr war der Inhalt des Briefs, wenn nicht herz-
licher für den Adressaten und schmeichelhafter für mich.

Ich hatte Lampenfieber, ich freute mich, ich war neugierig. Wir fuhren von Salzburg über die Autobahn – ich
war noch nie Autobahn gefahren –, wir kamen durch
München – ein Autobus mit etlichen mir unbekannten
deutschen Kollegen –, in Frankfurt wurden wir spätabends
– Dor, Federmann und ich – in der Wohnung eines deutschen Kollegen einquartiert, alles war seltsam gedämpft
und unwirklich, war nicht ganz real. Von Frankfurt bekam
ich ebensowenig mit wie von München – dann ging es
quer durch Deutschland, immer nördlicher, irgendwo war
Aufenthalt, dort hieß das Gasthaus schon «Krug», die
geliebte norddeutsche Landschaft, und schließlich waren
wir am frühen Abend in dem leeren Badeort Niendorf,
wo der NWDR als Veranstalter der Tagung ein ganzes
Hotel für die Gruppe reserviert hatte.

Viele waren schon da. Bis auf Celan alle fremd. Ich fragte
mich zu Schnabel durch. Ich trat vor ihn hin und sagte
meinen Namen.

Er blickte auf und sagte: «Ja – und?»

Ich wiederholte meinen Namen. Er blieb, wie er war:
Primadonna, von der man im unrichtigen Augenblick ein
Autogramm verlangt – Großfürst angesichts eines lästigen
Bittstellers.

Er war kein netter Mensch.

Hätte ich nicht einen konkreten Auftrag für eine journalistische Arbeit gehabt, ich hätte ihm unverzüglich das Götzzitat gesagt. So aber war ich genötigt, doch auf meine Robustheit zurückzugreifen, den Bittsteller zu spielen und ihn zu bitten, er möge auf Wunsch des Wiener Senders einen sogenannten Ü-Wagen für Aufnahmen zur Verfügung stellen. Dies sagte er für eine ganz bestimmte Zeit zu.

Ich hütete mich, allzu heftig über ihn zu schimpfen, denn um mich waren Autoren, und er war der Intendant des Hamburger Senders. Man schimpft ja auch als Gast im Vatikan nicht allzu laut über den Papst.

An dem festgesetzten Tag war zur festgesetzten Zeit kein Ü-Wagen zur Verfügung. Ich hatte alles vorbereitet, unter anderem auch ein Interview mit Heinrich Böll. Statt eines gesprochenen Berichts über die Tagung schrieb ich einen Bericht für die «Salzburger Nachrichten».

Und wenn ich jetzt im weiteren Verlauf meines Berichts Kritik übe, werden Sie denken oder sagen: Aha! Weil man ihn damals schlecht behandelt hat! Wenn's wahr ist. Es wird schon nicht so arg gewesen sein.

Ich verbitte mir energisch derlei Mutmaßungen.

Es war nämlich gar nicht so sehr die Abwesenheit der europäischen Umgangsformen mir gegenüber bei Schnabel. So etwas sollte nicht sein; aber damit wäre ich fertig geworden. Das betraf nur zwei Individuen.

Es war der Ü-Wagen!

Ich bin inzwischen längst davon überzeugt, daß die Abwesenheit des Ü-Wagens am festgesetzten Tag zur festgesetzten Stunde kein Racheakt Schnabels, sondern eine rundfunkimmanente Alltäglichkeit war.

So sind sie leider alle, die ich als Hort der Verläßlichkeit, der Pünktlichkeit, der souverän über den Dingen stehenden Organisation kennengelernt und 1932 verlassen hatte und zwanzig Jahre später verwildert und chaotisch angetroffen hatte. Das konnte ich am zweiten Tag meiner ersten neuerlichen Anwesenheit noch nicht wissen. Der Ü-Wagen kommt von zehn Fällen, in denen er angekündigt, versprochen, fix zugesagt ist, sagen wir es nachsichtig: fünf- bis sechsmal nicht.

Das Zimmer, das man bestellt hat, ist nicht reserviert.

Wenn man gebeten hat, zu einer bestimmten Zeit geweckt zu werden, wird man zu dieser Zeit nicht geweckt.

Wenn man einem Taxichauffeur eine ausgefallene Adresse in einer Vorstadt angibt und ihn fragt, ob er diese Straße kenne, bejaht er. In der Vorstadt angekommen, beginnt er sich mühsam und zeitraubend durchzufragen.

Wenn man auf einer Café-Terrasse eine Limonade bestellt, bekommt man Johannisbeersaft.

Es sind dies Formen und Usancen, wie sie ehedem der Filmbranche eigneten und allgemein verlacht und verachtet wurden. Die ganze Bundesrepublik scheint eine Filmproduktion geworden zu sein.

Unvergeßlich bleibt mir eine sommerliche Szene, die ich zu später Stunde am Stuttgarter Hauptbahnhof mitansehen mußte. Eine Gruppe von Reisenden, die über ordnungsgemäß ausgestellte Platzkarten verfügte, bekam keine Plätze. Der Verantwortliche rechtfertigte diese Tatsache in hysterischem Ton durch den Hinweis darauf, daß die Anzahl der abzufertigenden Züge so groß sei.

Ein Kollege schickte mir sein neues Buch und schrieb dazu:

«Ich weiß nicht, ob ich Sie unterrichtet habe, daß Verleger X. Y. ein Barbar ist, weil er mir niemals Korrekturfahnen geschickt hat. Nach 3¹/₂jähriger Thesaurierung schmiß er das Buch ‹.....› auf den Markt. Eine Legion von Druckfehlern habe ich beim Lesen entdecken müssen ... Für was immer Sie mich halten müssen: Ich bin es *nicht.*»

Ein anderer Verlag wollte die Übersetzung eines schwierigen Buches einem besonders qualifizierten Autor anvertrauen. Er erbat ein Probekapitel: Setzen Sie sich an die Schreibmaschine und schreiben Sie drauflos. Halten Sie sich mit dem Nachschlagen im Wörterbuch nicht auf. Schreiben Sie irgend etwas. Wir wollen nur Ihren Tonfall kennenlernen.

Das Drauflos-Kapitel wurde akzeptiert. Die Übersetzung wurde fertiggestellt und abgeliefert. Einige Zeit später erschien in der angesehenen Hauszeitschrift des Verlags der Vorabdruck eines Kapitels aus dem Roman. Es war die fehlerhafte Drauflos-Version.

Ein Theater sagt einem Schauspieler: Sie haben morgen erst um zwölf Probe. Der Schauspieler sagt sich beim Zahnarzt für zehn Uhr an. Spätabends kommt er nach Hause und findet die Nachricht: Morgen Probe um 10 Uhr 15. Er sagt dem Zahnarzt ab, ist um 10 Uhr 15 im Theater und muß zweieinhalb Stunden warten, bis er drankommt.

Ich wollte über einen Autor schreiben und bat den Verlag

brieflich, er möge mir mitteilen, wie viele Exemplare der Werke dieses Autors insgesamt verkauft worden seien – also kostenlose Werbung. Der Verlag antwortete nicht.

Wenn man eine Verbindung mit einem Korrespondenzpartner abbrechen möchte, weil man keine Zeit oder Lust hat, zu tun, was er möchte, schreibe man einen komplizierten, wenn auch durchaus berechtigten Brief mit Rückfragen.

Hans Reimann bat mich um einen Beitrag, und ich hatte keine Zeit. Also schrieb ich ihm etwa dieses: Ich will gern einen Text schicken, aber ich möchte vorher wissen, ob der Umfang unter oder über drei Schreibmaschinenseiten zu dreißig Zeilen zu sechzig Buchstaben sein soll und was der Maximal- beziehungsweise Minimalumfang sein müßte. Ferner muß ich, bitte, wissen, ob es ein ungedruckter Beitrag sein muß oder ob er a) aus einem Buch stammen kann oder b) in einer österreichischen Zeitung oder Zeitschrift erschienen sein kann ...

In diesem Stil ging es weiter, wobei es wichtig ist, daß man keine Absätze macht, sondern den Text in einem großen, zum Lesen nicht einladenden Block und auch grammatikalisch kompliziert gestaltet.

Ich habe von Hans Reimann nie wieder etwas gehört. Die Fertigkeit des Schreibens ist noch weitgehend intakt. Die Fertigkeit des Lesens ist jedoch von der Fertigkeit des Telephonierens abgelöst worden.

In einem wissenschaftlich ernstzunehmenden Verlag erschien ein Handbuch der Musik. Dieses enthielt etliche Fehler, zum Beispiel: daß Johann Strauß in Bad Ischl gestorben sei und daß Ernst Křenek (in Wirklichkeit war's Erich Wolfgang Korngold) die «Nacht in Venedig» bearbeitet habe. Ich schrieb einen höflichen Brief an den Verlag und machte auf die Fehler aufmerksam. Viele Jahre später fand ich die Fehler in der Neuauflage wieder.

Der Verlag Suhrkamp bat mich um einen Beitrag für ein Ödön-von-Horváth-Taschenbuch. Ich schrieb ihn und bat um ein Belegexemplar. Ich bekam das Lexikon deutscher Familiennamen zugeschickt.

Vor langer Zeit bat ein Autor einen Verlag um einen Geldbetrag, der ihm zustand. Er erfuhr alsbald telephonisch: Wir haben das Geld telegraphisch an Sie anweisen lassen. Da das Geld nicht kam, reklamierte er und erfuhr: Man kann ja Geld nach Österreich gar nicht telegraphisch anweisen lassen.

Balkan?

Nein, ärger! USA.

Balkan wäre reformierbar, umerziehbar.

USA ist hoffnungslos.

Ist wirklich alles so in der Bundesrepublik?

Nein, natürlich nicht. Es ist nur leider längst so weit gekommen, daß Stimmen die Ausnahme und Chaos die Regel ist.

Damals in Niendorf war ich noch naiv. Ich fühlte mich persönlich beleidigt. Fühlt man sich von einem Gewitterregen, von Glatteis persönlich beleidigt?

Es hat Jahre gedauert, bis ich meine Wunschvorstellungen von Deutschland schweren Herzens retouchierte. Und noch heute, heute erst recht, fühle ich mich persönlich gekränkt wie ein Vater, der über wohlgeratene Kinder plötzlich böse Dinge erfahren muß, wie ein Liebhaber, dessen perfekte Geliebte sich als lasterhaft erweist.

Was ist aus meinem Deutschland, meinen Deutschen geworden?!

Damals in Niendorf konnte ich nur vor den Großintendanten hintreten und ihm scharf, aber ohne Insulte, sagen, daß mir derlei noch nie passiert sei.

Ich glaube, daß er in diesem Ton zeit seiner prominenten Rundfunkaktivität nie angeredet worden ist.

Die Tagung selbst war interessant für mich, aber recht enttäuschend. Den Preis bekam Ilse Aichinger für die «Spiegelgeschichte», das war gut; ihr schärfster Widersacher bei der Abstimmung war Walter Jens, auch gut.

Aber Paul Celan, der die «Todesfuge» vorlas, wurde auf blamable Weise nicht verstanden. Und ein Autor, den ich ganz besonders uninteressant und gesichtslos fand (ich will ihn nicht beim Namen nennen, er ist inzwischen so gut wie vergessen), erntete unwidersprochenes begeistertes Lob.

Ob und was Heinrich Böll gelesen hat, daran kann ich mich leider nicht erinnern. Auch Günter Eich war dort, sehr eindrucksvoll, einige andere Namen weiß ich noch. Aber es funktionierte damals nicht zwischen der neuen deutschen Literatur und mir – vermutlich war nicht Schnabel, sondern ich schuld dran.

Der fünfzigjährige Krieg

Mit diesem danebengegangenen Einzug in Deutschland war immerhin erreicht, daß der Bann beziehungsweise das Eis gebrochen war, wie man zu sagen pflegt, und daß eine Reise in die Bundesrepublik künftig aller autobiographisch-historischen Hypotheken, Affekte und Belastungen überhoben war.

Ich weiß gar nicht mehr, welches meine zweite, meine dritte Reise war.

Die Chronologie ist ja für uns österreichische Mitteleuropäer auf glückliche Manier unübersichtlich und unakzentuiert geworden. Früher waren unübersehbare Einschnitte und Merkzeichen: 1914 bis 1918, 1927: Brand des Wiener Justizpalasts, die Wiener Polizei veranstaltet ein Massaker unter der Wiener Bevölkerung. 1933: Hitler wird Reichskanzler, Dollfuß schaltet das österreichische Parlament aus und regiert durch Notverordnungen. 1934: Dollfuß läßt auf Arbeiterwohnhäuser schießen und verbietet die Sozialdemokratische Partei – Dollfuß wird von Nationalsozialisten ermordet. 1938: Deutschland okkupiert Österreich. 1939 bis 1945 mit Unterteilungen ..., aber dann wird es, wie gesagt, verschwommen für uns; die Jahrzehnte seither fließen ohne Stromschnellen, stetig. Und ob die von mir eben so genannte «glückliche Manier» wirklich eine solche war …, jetzt erscheint es mir doch problematisch.

Ja, die Berliner Blockade 1948, das weiß ich noch, aber wann zog Hitler ungestraft in das entmilitarisierte Rheinland … nein, Verzeihung, das verwechsle ich, denn die Bilder gleichen einander so verflucht! Ich meine natürlich: wann wurde ungestraft der ostdeutsche Amtssitz von Pankow nach Berlin verlegt? Wann war der ostdeutsche Juni-Aufstand, 1955, 1956? Wann war der ungarische Aufstand, der Prager Frühling??

Die Journalisten halten das in Evidenz, sie schreiben anläßlich «runder» Jubiläen Gedenkartikel, wir lesen sie und sagen: Aha! auch schon wieder zehn, zwanzig, dreißig Jahre her!

Meine erste Nachkriegsreise nach Berlin ist mir allerdings sehr gegenwärtig geblieben, nur weiß ich nicht mehr, meine wievielte Deutschlandreise sie war.

Berlin war noch Ville martyre, war noch keine Verlegenheit, keine Pflichtschuldigkeit. Das liederliche Kleeblatt der drei Westalliierten hatte Berlin noch nicht völlig verspielt.

Berlin: die schuldlos geschiedene Frau eines wohlhabenden Mannes, die zwar von ihm ausreichend versorgt wird – auch die Kinder kommen immer wieder zu ihr auf Besuch, aber sie lebt ohne Zukunft in immer ärger werdender innerer Bedrängnis dahin.

Eigentlich hat für mich nach dem Krieg nur Berlin gehalten, was ich mir vor dem Krieg von Deutschland versprochen hatte.

94

Aber ich weiß, daß es Berlin bei mir leicht hat. Was immer Berlin schuldig bleibt, wo immer Berlin es fehlen läßt, ich klage nicht an, ich bin wie eine voreingenommene Mutter, ich denke mir: Kein Wunder! Berlin hat mildernde Umstände.

Wenn in der Bundesrepublik der Verkehr aus den Nähten platzt, wie sie dort sagen, wenn alle Ordnung dadurch zu erliegen droht, bin ich wütend. Findet das gleiche in Berlin statt, bin ich strahlend glücklich und denke: Ah, fein, Berlin lebt, Berlin prosperiert.

Jede störende Baustelle mit Umleitungen, jede Baugrube, jeder scheußliche Neubau in Berlin macht mich jubeln: Also doch! – Und ich ertappe mich bei dem politisch aberwitzigen, unrealistischen Gedanken: Das alles bereiten sie für «nachher» vor. Mein Gott, wie kindisch kann ich sein! Nachher ... man könnte ebenso auf Danzig, Breslau, Königsberg hoffen wie auf Westberlin in absehbarer Zukunft. Sie werden Westberlin für den Rückzug der Kubaner aus Südafrika verkaufen.

Und doch: überfüllte Lokale, in denen ich keinen Platz finde, erfolglose Jagd nach einem Taxi – Balsam auf mein Berlin-Trauma.

Die Neubauten in Berlin sind übrigens wahrscheinlich viel weniger scheußlich als in Frankfurt und Düsseldorf! Das rede ich mir aber nur ein. Berlin adelt (wie in seligen Theaterzeiten) die Scheußlichkeit durch ein positives Vorzeichen.

Erste Ankunft in Tempelhof. Fahrt mit dem Taxi. Ein witziger Chauffeur. Vier Fünftel aller Berliner Taxichauffeure sind witzig. Mir fallen sofort die sardonischen Berliner Kriegswitze ein, die damals bis zu uns gedrungen sind.

Die neuen Namen bombardierter Stadtteile: Trichterfelde statt Lichterfelde, Zehlendorf-Rest statt Zehlendorf-West.

Und: Der Krieg ist im letzten Stadium sehr übersichtlich geworden. Man kann mit der U-Bahn von der Westfront zur Ostfront fahren.

Und: Kinder, genießt den Krieg! Der Friede wird fürchterlich.

Und die letzte Luftlagemeldung: Unter den feindlichen Flugzeugen befindet sich kein Reichsgebiet.

Die Berliner, das ist ihr Glück in diesem Jahrhundert, sind anders als die andern Deutschen. Sind sie keine Deutschen – sind nur sie Deutsche?

Man muß versuchen, sich die äußere und innere Situation eines Berliners zu vergegenwärtigen – ich versuche es oft! Wer noch? –, eines Berliners, der anno 1933 schon zu denken und zu fühlen vermochte. Da war nach Jahren politischer Unruhe eben der siegreiche Kampf des Herrn Dr. Goebbels um Berlin mit dem Einzug Hitlers in die Reichskanzlei beendet worden. Der Kalk hat seine Schuldigkeit getan: Hindenburg hatte ihn hineingebeten.

Ein Regime hob an, das vielleicht einer Mehrheit von Sachsen oder Braunschweigern, gewiß aber nicht der Berliner Mehrheit genehm war.

Sechs Jahre später begann der Krieg, der sechs Jahre

96

später zu Ende war und eine Wüstenei namens Berlin hinterließ.

Drei Jahre später die Blockade. Unerträglicher ununterbrochener Flugzeuglärm, den man als lebensrettend lobpreisen mußte. Ein amerikanischer General, Clay, der große Held demokratischer Gesinnung. Eine Berliner Allee ist nach ihm benannt, ein Luftbrückendenkmal steht noch in der Nähe des Tempelhofer Flughafens – der Gedenkstein für die Opfer des Stalinismus, nahe vom Brandenburger Tor, war, als ich zum letztenmal dort war, bereits zertrümmert.

Hätte sich Berlins heroische Zeit auf diese fünfzehn Jahre von 1933 bis 1948 beschränkt (dazu die äußere und innere Unruhe vorher): die Belastung des mündigen Berliners wäre übermäßig gewesen, aller Anteilnahme jener wert, die es besser gehabt hatten und haben. Aber die krisenhafte und abnorme, die widernatürliche Situation dauert fort, führt mit lebensgefährlicher Regelmäßigkeit zu kleinen, mittelgroßen und großen Krisen, die vor allem die Verbindungen zwischen Westberlin und dem Westen gefährden. Der mündige Berliner lebt seit spätestens 1933, also bald fünfzig Jahre lang, in einem mehr oder weniger brisanten Kriegszustand.

Berlin: das war der große Flüchtlingsstrom, die Abstimmung mit den Füßen. Berlin ist: die Mauer.

Stellen Sie sich vor, daß unweit des Trafalgar Square, unweit der Place Vendôme, unweit des Times Square, des Schwarzenbergplatzes, der Piazza Venezia eine Mauer London, Paris, New York, Wien, Rom in zwei Teile teilt, daß den Bewohnern des einen Teils das Betreten des andern Teils verboten ist, Bewohnern des anderen Teils das Betreten des einen Teils nur gelegentlich auf Grund besonderer Formalitäten gestattet ist.

Und stellen Sie sich dazu vor, daß die Bewohner der einen Hälfte auf ein Areal verwiesen sind, das außerhalb der Stadt nur recht schmale Streifen von Umgebung umfaßt, an deren Rand sich kriegsmäßig ausgerüstete Befestigungsgürtel befinden, daß man von Berlin nach München, Frankfurt, Hannover, Hamburg in der Bahn oder im Auto durch Ausland fahren muß. Von London nach Manchester, von Paris nach Toulouse, von Wien nach Klagenfurt, von Rom nach Bologna über Sibirien (deutsch DDR).

Die Tatsache, daß Berlin (wenn ich sage «Berlin», meine ich Westberlin, die Insel, nicht Ostberlin, die immerhin Hauptstadt einer immerhin Republik, von der sie immerhin weder durch eine Mauer noch durch ausländisches Gebiet getrennt ist) – die Tatsache, daß Berlin sich seit dem Jahr 1948 in einer Lage befindet, die undenkbar tragisch ist, wird jedem Besucher beim ersten Besuch bewußt, und trieb ihm, schon vor dem Bau der Mauer, Tränen aus den Augen und Bitterkeit ins Herz.

Aber man gewöhnt sich bekanntlich an alles, man gewöhnt sich sogar an amputierte Gliedmaßen, vor allem wenn sie nicht einem selbst, sondern einem lieben Freund gehört haben.

Der Friede wird fürchterlich – blasphemische Prophetie mit einer starken Dosis von Berliner Wahrheitsgehalt –, der Friede ist fürchterlich, seit Jahrzehnten.

98

Berlin ist für alle, die zum erstenmal dort sind, ein erschütterndes Erlebnis, für alle, die wiederkommen, eine Gewohnheit.

Berlin ist ein lieber Freund, dem etwas fehlt. Man besucht ihn, man rühmt seine Tapferkeit, seine Standfestigkeit. Aber es ist nicht wie ein gewöhnlicher Besuch – etwas von Kondolenzbesuch ist dabei. Ich muß das Wort wiederholen: Pflichtschuldigkeit.

Auch die Journalisten, die über Berlin schrieben (mich eingeschlossen), hatten, ob sie's wollten oder nicht, den gewissen schulterklopfenden Krankenzimmer-Beileidsvisite-Ton in ihren Berichten. Man sagt beim Fortgehen «Schrecklich!», geht alsbald zur Tagesordnung über. Was sollte man denn sonst? Wer hätte etwas davon, wenn ich zeitlebens dieses ernste Gesicht behalte und an Berlin denke?

Als sie hörte, daß ihr Sohn, der Rudolf, beim Militär kein Bett hatte, legte sich unsere Kräutlerin, die Frau Dokreuzer, jede Nacht neben ihr Bett auf den Fußboden. ...

Berlin ist «unheilbar gesund».

Mein erster Nachkriegsbesuch in Berlin. Damals noch eine ungeteilte Stadt. Ein Paradoxon. Man konnte mit der U-Bahn zwar nicht mehr von der Westfront zur Ostfront fahren ... oder eigentlich doch. Am Potsdamer Platz war es nur ein Schritt von Texas zum Ural.

Ich hatte mir Zeit genommen, wenn ich später wieder hinkam, und ein besonderes Zeremoniell für den Gang in den Osten zurechtgelegt. Man mag mich kokett nennen, aber wenn, dann kokettierte ich nur mit mir selbst. Mir

erschien es eher mit Meditation verwandt. Ich ging vom
«Knie» oder vom Bahnhof Zoo in Richtung Brandenburger Tor, zu Fuß, allein, durch den allmählich nachwach-
senden Tiergarten, durch die Trümmer noch nicht nach-
wachsender Häuser – es war wie ein Besuch am Grab
nahestehender Verstorbener. Dann Unter den Linden ohne
Linden, dann nach rechts zum Gendarmenmarkt, wo Ostberlin (damals) war wie Pompeji, verfallene Zeugnisse
vergangener Kultur, das Königliche Schauspielhaus von
zwei Kirchen flankiert – dann zu der Versammlung der
Hedwigskirche, der Staatsoper, der Universität, ein er-
lesenes Ensemble, dann Blick auf den Dom, der sich auch
diesem gerührten Hinblick schrecklich präsentierte, dann
hinüber zur Museumsinsel, und da waren Durchblicke
hinüber westwärts in die andere Welt, so bestürzend und
nah, und heute noch bestürzender, weil jenseits der Mauer
drüben.

Bei meiner ersten Pilgerfahrt wurde ich fast wahnsinnig
und hielt mich für unzurechnungsfähig, denn ich sah die
Siegessäule mitten im Tiergarten und wußte genau, daß
dort nicht ihr Platz war – sie mußte viel näher beim
Reichstag und Brandenburger Tor stehen –, ich war tief
verwirrt, denn so gravierend konnte ich mich doch einfach nicht irren. Dann erfuhr ich, daß die Siegessäule ver-
schoben worden war. Die Krolloper, wo ich «Wozzeck»
gesehen und wo die deutschen Sozialdemokraten gegen
Hitler gestimmt hatten, konnte man nicht mehr sehen,
auch die berühmt schauerlichen Denkmäler der Sieges-
allee nicht.

Abends fuhr ich dann gelegentlich auf normalem Weg hinüber – ich sah das «Berliner Ensemble» mit «Puntila» und dem «Kaukasischen Kreidekreis», das erinnerte beklemmend an die große Berliner Theaterzeit um 1930, dort, wo sie nicht groß gewesen war, sondern sich selbst zelebriert, Intellekt gesät und Langeweile geerntet hatte.

Doch wie schön war es, im alten Deutschen Theater zu sitzen und in dem unveränderten, nicht verschandelten, wie von damals herübergrüßenden Foyer zu spazieren. Sie spielten «Don Carlos», und es war so eingerichtet, daß nach «Geben Sie Gedankenfreiheit» auf keinen Fall applaudiert werden konnte. Es war recht provinziell, nur der ehrwürdige alte Eduard von Winterstein, ein großer Zeuge der großen Zeit, sprach den Bericht über den Verlust der Flotte meisterhaft und bewegend.

Wie ich auf der westlichen Seite so viele Häuser und Ecken von damals nicht wiederfand, gelang es mir auch drüben nicht, den Alexanderplatz, wie er geworden war, mit dem Bild von 1932 in irgendeine sinnvolle Beziehung zu bringen.

Ich ging auch immer wieder durch die neuerbaute Stalin-Allee. Die Scheußlichkeit der östlichen Monumentalität ist doch, objektiv gewertet, noch grausiger als die Scheußlichkeit der westlichen Monumentalität. Was mag Bertolt Brecht zu dieser architektonischen Ausgeburt kleinbürgerlich georgischen Cäsarenwahns gesagt haben?

Brecht

Jemand hat ihn einmal den Sudermann des historischen Materialismus genannt.

Er hat erstklassige Gedichte geschrieben und hatte Sinn und Begabung für das Theater.

In dem klugen Schauspiel «Die Plebejer proben den Aufstand» von Graß spielt er eine charakterlich einigermaßen fragwürdige Rolle. Dieses Porträt ist geschmeichelt.

Goethe allein ist kein Herausreißer. Goethe steht über allem wie Mozart in der Musik.

Mörike, Eichendorff, Hölderlin – Herder, Wieland – die zweite Garnitur.

Gegen Heine darf man nicht mehr sein, weil man sonst als Nationalsozialist denunziert wird.

Lessing: die leuchtende Ausnahme.

Goethe und Lessing allein – ich stelle mir einen deutschen Olymp vor: gähnende Leere, eine Fülle von Personal in der ersten Klasse, und nur zwei Gäste, die einander zwar mögen, aber im Lauf der Äonen hat sich der Gesprächsstoff erschöpft.

Sie dürfen manchmal auf Besuch hinunter in die zweite Klasse, dort ist's lustiger, dort sind die besagten Mörike und Eichendorff – Hölderlin ist im Krankenstand – Herder, Wieland – auch Büchner, Ricarda Huch, Tieck, die Schlegels, Arnim, Brentano, Jean Paul, Hoffmann, Kleist, Wedekind. Alle miteinander quälen sie den Schiller bis aufs Blut, so daß er um Rückversetzung in die dritte Klasse angesucht hat ..., aber dann müssen die Erstkläßler, weil die Besuchszeit abgelaufen ist, zurück in die Eintönigkeit oben.

Das Arge ist, daß man für die erste Klasse nicht nur eine Note des Gegenstands «Deutsche Literatur» braucht, sondern auch eine Betragennote.

Keine Chance für Hauptmann, Thomas Mann, Brecht.

Für Richard Wagner ist's am schwierigsten. Den schikken sie seit damals zwischen dem Literaturhimmel und dem Musikhimmel hin und her. Manchmal hat er Sondererlaubnis, seinen Sohn Siegfried Wagner in der fünfzehnten Klasse des Musikhimmels zu besuchen.

Richard Wagner hat Berufung eingelegt. Aber Apollon hat sich für unzuständig erklärt und hat beantragt, den Fall an Wotan abzutreten. Dieser jedoch ist unauffindbar. Reagiert auf keine Zuschrift. Ein Verfahren läuft, um festzustellen, daß es ihn nicht gibt und nie gegeben hat.

Bertolt Brecht treibt sich ruhelos und frustriert in der dritten Klasse herum. Dorthin ist er strafversetzt worden, weil er mit Kleist so gestritten hat. Büchner hat das Gespräch belauscht und die Versetzung erwirkt. Jetzt diskutiert Brecht tief unter seinem Niveau, nur damit die Zeit vergeht, mit Freiligrath, Rückert und einigen Sturm-und-Drang-Autoren.

Er hat wiederholt die Überstellung in den österreichischen Olymp beantragt. Dort wurde energisch abgewinkt. Nur Karl Kraus war dafür, weil Brecht von Alfred Kerr angegriffen worden ist.

Den Ausschlag für die endgültige Ablehnung gab ein vernichtendes Gutachten Franz Kafkas.

Ohne mich, ohne mich

Warum eigentlich «Dichter und Denker»?

Denker? Ja, sowieso, in Ordnung. Aber Dichter?

Das «Volk der Maler und Denker» erschiene mit stimmender.

Und ob unsere Zeit Dichternachschub bringen wird?

Heinrich Böll?

Als er den Nobelpreis bekam, wollte ich dem Graß telegraphieren: Karl Kraus hat ihn auch nicht bekommen.

Und die Komponisten? Gleichfalls seltsam spärlich.

Die Fülle der großen Alten bis hinauf zu Bach. Und die gebündelten Genies, das Wunder der zweiten Bach-Generation.

Beethoven und Brahms und Offenbach waren Emigranten. Sehr groß: Schumann und Mendelssohn. Viele freundliche Zweitrangige: Weber, Cornelius, Nicolai, Lortzing, Künneke, Marschner, Spohr und? Liszt? ..., ich weiß, er stammt aus dem damaligen Ungarn und heutigen Österreich ..., aber ich möchte bei unserer Bundesregierung ein Verfahren einleiten. Ich gäb' ihn so gern her. Tausche Franz Liszt gegen Franz Molnár.

Reger, Hindemith, Pfitzner ..., mit Humor nicht gesegnet, die späteren deutschen Komponisten. Reger und

Hindemith so achtbar, weil sie an Wagner geschickt vorbeikomponiert haben, aber strohtrockene Burschen! Concerto mittelgrosso.

Richard Strauss, ja, Humor hat der, wenn auch Humor für großes Orchester mit verstärktem Blech.

Er war eine Leuchte des Wilhelminischen Zeitalters, des Kaisers liebstes ungeratenes Kind. «Du, du!» machte schalkhaft die Kaiserin Auguste Viktoria. Er konnte instrumentieren, bewundernswert instrumentieren. Wie das klingt – einmalig! Er hat die grundlegende Instrumentationslehre von Berlioz weitergeführt. Er hat dann immer so komponiert, daß neue Beispiele als Material für die Instrumentationslehre herausgekommen sind. Er beweist ununterbrochen, daß er instrumentieren kann. Haben Sie bei einer wirklich großen Komposition je bewundernd gesagt: Wie das klingt? Bei Beethoven, Brahms, Bartók? Nicht einmal bei Strawinsky.

Richard Strauss klingt. Er wollte ein Mozart werden, aber das wurde er nur im «Ariadne»-Vorspiel, welches er widerwillig, sozusagen mit der linken Hand komponiert hat. Dieses Vorspiel ist nicht sein Hauptwerk. Sein Hauptwerk war seine Karriere. Man hätte, auf Grund dieses «Ariadne»-Vorspiels seine rechte Hand immobilisieren sollen, aber dagegen hätte er sich gewehrt, weil man mit der rechten Hand Geld zählt.

Er wollte ein Wolfgang Amadeus werden, aber er wurde nur ein Richard. Mozarts Vater kam aus Augsburg, Richard Strauss wurde ein Handelsherr, ein Fugger und Welser.

Ich würde meinen Sohn gewiß nicht Adolf nennen. Aber auch nicht Richard. Auf dem Namen ist kein Segen.

Ich leide an ihm, seit ich Knabe war. Er ist der running gag meiner satirischen Arbeiten seit 1931. Meine letzte wurde 1977 für das österreichische Fernsehen vor relativ kurzer Zeit aufgenommen. Ich sagte, daß ich ihn nicht mag. Ich ließ dabei alles Politische beiseite, ich sagte, daß er gegen sein Talent gesündigt hat, ich zitierte aus meinem Buch «Apropos Musik», daß ich ihn für einen musikalischen Karl May halte. Ich sagte, daß ich «Die Frau ohne Schatten» fad finde.

Ich hatte das Interview aufgenommen, ohne zu wissen, in welchem Zusammenhang es gesendet werden würde. Es kam nach der stark gesehenen ersten Abendnachrichtensendung am Samstag, dem Vorabend einer großen Wiener Richard-Strauss-Woche.

Ich war über den Termin nicht böse, denn gegen Richard Strauss sein, das ist für mich ein Lebensinhalt. Aber ich hatte es nicht leicht in den folgenden Tagen und Wochen. Es gibt gewisse Tabufiguren. Richard Strauss ist ein österreichisch-bayerischer Prinzregent. Bei der Aufführung einer Komposition von Josef Matthias Hauer rief einst ein Herr im Großen Musikvereinssaal «Pfui Mozart!», und nichts weiter geschah. Wehe ihm, hätte er nach der «Domestica» oder «Heldenleben» «Pfui!» gerufen. Die Mänaden hätten ihn zerrissen.

Ob man gegen Richard Wagner sein kann, weiß ich nicht. Denn niemand ist in letzter Zeit gegen ihn. Aber daß man nicht gegen Richard Strauss sein kann, weiß ich. Ich hab's ausprobiert. Ich kam mir vor wie eine Mischung aus Galilei und Ulrich von Hutten, mit etwas Martin Luther zum Drüberstreuen.

Er hatte einen Charakter wie ein ..., nein, er hatte überhaupt keinen. Er hatte jeweils mindestens zwei. Gleichzeitig. Nicht nacheinander wie Thomas Mann. Er hat einen Wahlaufruf für Adolf Hitler unterzeichnet, er hat einen NS-Protest der «Wagnerstadt München» gegen Thomas Mann unterzeichnet. Für politisch aufrechte Dirigenten, die nach Hitlers Machtergreifung in Deutschland nicht dirigieren konnten oder wollten, ist er diensteifrig eingesprungen. Aber er gilt als Weltbürger.

Er hatte vor 1933 mit Stefan Zweig an der Oper «Die schweigsame Frau» gearbeitet. Als Stefan Zweig dann nach Hitlers Machtergreifung die naheliegenden Konsequenzen zog, nahm er's übel und schrieb an ihn: und da soll man nicht Antisemit werden.

Ich liebe «Salome» (den Tanz ausgenommen), ich liebe «Elektra» (so lange, bis die Atriden-Kantilene das Wiedersehen der Geschwister mit musikalischem Süßstoff überschwemmt).

«Also sprach Zarathustra» höre ich immer wieder gern, weil ich so gern lache; und beim Erklingen des ausführlichen Nietzsche-Schuhplattlers muß ich jedesmal herzlich lachen. Also sprach Zaratutzing. Diese Musik rechtfertigt erst die Aussage Friedrich Nietzsches: Gott ist tot.

Ich finde «Heldenleben» und «Domestica» steril und egozentrisch bis zum Größenwahn, ich finde «Don Juan» denkbar, «Don Quichote» passabel, aber unbedeutend, ich finde «Tod und Verklärung» fad, die «Alpensinfonie» finde ich überhaupt nicht, weil man sie, Gott sei Dank, nicht mehr spielt. Ich liebe, dem orchestralen Aufwand zum Trotz, den «Till Eulenspiegel», ich höre das Stück immer wieder gern. Wenn es im Radio erklingt, schiebe ich die Schreibmaschine weg und höre zu und bin selig.

Aber den «Rosenkavalier» hasse ich leidenschaftlich, unter anderem seiner bajuwarischen, durch nichts gerechtfertigten anachronistischen Versuche wegen, wienerisch zu sein. Aber das ist's nicht allein.

Da ist ein sicherlich genialer Komponist in der «Elektra» bis an die Grenzen der Tonalität vorgestoßen. Er hat den Punkt erreicht, an dem das neue Jahrhundert beginnt. Und was hört man als nächstes von ihm? mtata, mtata, mtata, mtata ... Als würde Kleist nach der «Penthesilea» den «Raub der Sabinerinnen» schreiben.

Hofmannsthal, der auch nichts von diesen Dingen verstand, hat gemeint, daß eigentlich Franz Lehár den «Rosenkavalier» hätte komponieren sollen. Hätte sollen? Er hat.

Wie Walter Muschg eine «Tragische Literaturgeschichte» geschrieben hat, müßte man eine tragische Musikgeschichte schreiben. Eines ihrer tragischesten Kapitel hätte der unseligen Begegnung dieser beiden ungleichen Partner gewidmet zu sein, Strauss und Hofmannsthal, die vielfach sündigten: jeder gegen sich und seine Möglichkeiten, jeder gegen den andern.

«Elektra» (die Musik) und das «Ariadne»-Vorspiel (Text und Musik) – groß und zukunftsträchtig. «Rosenkavalier» ins Publikum hinein gescheitert. Die Oper «Ariadne» – ein Triumph der kantablen, aufgeblasenen Fadesse. Spielt in jeder Hinsicht auf einer öden Insel. «Die Frau ohne Schatten» – brillant instrumentierte heiße Luft. «Die ägyptische Helena» – Einschlafe- und Durchschlafemittel. Das Ballett «Schlagobers» – schildert und verursacht Magenbeschwerden. «Arabella» – ein denkbarer erster Akt, der Rest kaum erträglich.

Und sowas ist tabu!

Die beiden Text- und Musiklieferanten haben sich und einander fast zwei Lebenswerke lang von der «Elektra» bis zur «Arabella» unterboten. Hofmannsthal hatte keine Ahnung davon, was Texte sein sollen, wenn sie gesungen werden. Strauss ist über das bisserl Substanz in Hofmannsthals geschwätzigem Vielsilbengeplapper komponierend hastig hinweggestolpert. Bei einer «Rosenkavalier»-Vorlesung hörte man lächelnd und lachend, was man infolge von Strauss-Musik in der Oper nie gehört hatte. Die Strauss-Erben haben dann auch konsequenterweise weitere Vorlesungen verboten.

Vom «Rosenkavalier» bis «Arabella»: musikalische Oasen in dominierender Wüstenei.

Dann starb Hofmannsthal. Dann kam Stefan Zweig. Er war musikalisch. Er war ein routinierter Autor, kein Dichter. Eben das prädestinierte ihn als Verfertiger von Operntexten. Er kannte, er wußte, er ahnte. Er schrieb für Richard Strauss dessen erstes und letztes ad hoc gearbeitetes echtes Opernbuch: «Die schweigsame Frau».

Eine tragische Konsequenz von 1933 für die Geschichte

der deutschen Musik: daß Kurt Weill und daß Richard Strauss, jeder auf seine Art im Stadium produktiver Verwirklichung, unterbrochen wurden.

Weills «Bürgschaft» zeigt einen Weg.

Und «Die schweigsame Frau» ist nicht die beste Musik, aber die beste Oper von Richard Strauss. Als ich sie zum erstenmal hörte, waren mir die Tränen nahe. Warum nicht zwanzig Jahre früher?

Richard Strauss schrieb für die Bühne die «Salome», die «Elektra», das «Ariadne»-Vorspiel, die «Schweigsame Frau». Aus. Der Rest ist Beschäftigungstherapie.

Der Geist ist Willy,
aber das Fleisch ist schwach

Mein Verleger will von mir schon seit langem ein Deutschlandbuch. Er hat «O du mein Österreich» und «Lern dieses Volk der Hirten kennen» herausgebracht. Er versprach sich etwas von einem dritten zentraleuropäischen Länderbuch.

Jetzt hat er's.

In der Machart der beiden anderen Manuskripte könnte ich es auf keinen Fall hinbekommen, sagte ich jahrelang, wenn ich mich weigerte. Ich kenne Österreich und kenne die Schweiz einigermaßen. Ich kann diese Länder gleichsam von innen her feuilletonistisch aufrollen.

Deutschland kenne ich nur in Bruchstücken. Zum Beispiel Ostfriesland nicht, Kiel nicht, Aachen nicht, den Odenwald nicht. Bamberg, Münster, Osnabrück nur flüchtig, vom Land ostwärts des Stacheldrahtes ganz zu schweigen. Bayreuth? Das kann ich noch betrachten, ehe ich zu schreiben beginne.

Außerdem ist Deutschland für mich nur bedingt ein Feuilletonstoff und vorwiegend eine lebenslange Mischung aus Trauma und Traum. Ich werde nicht so heiter sein, wie man's von mir erwartet. Und politischer als sonst.

Versuchen Sie's doch, sagte er. Es war im Herbst 1976.

Einfach so vor mich hin schreiben sollte ich, sagte er.

Jetzt ist's Sommer 1977. Ich bin mitten drin im Vormichhin.

Doch wohin gerate ich? Lockerheit ist eine Tugend, aber Inkohärenz ist eine Todsünde. Ich gerate von Berlin, nur weil der Name «Stalin» auftaucht, zu Bertolt Brecht, der ja einen Hymnus auf Stalin gedichtet hat: «Die Erziehung der Hirse». Von Brecht in den deutschen Olymp, von dort zum musikalischen Ausverkauf des neunzehnten Jahrhunderts bei Richard Strauss.

Warum stehen mir Malerei und Bildhauerei nicht näher? Dann würde ich hymnisch werden vor Cranach, den Holbeins, Dürer, Altdorfer, Caspar David Friedrich, Runge, Menzel. Ich würde Liebermann, Slevogt, Corinth, Beckmann, Ernst, Modersohn-Becker, Klee, Barlach (Bildhauer) lobpreisen, Kollwitz, Zille, Grosz.

Lobpreisen ist schwieriger, aber lohnender als Verreißen. Lobpreisen ist literarisch, verreißen ist journalistisch. Und doch ... außerdem: auch Lessing hat verrissen. Verreißen ist gelegentlich eine deutsche Tugend.

Ich muß noch einmal zurück nach Berlin. Was aber, wenn das Thema Berlin erschöpft ist? Wen oder was lobpreise ich dann? Soll ich Wagnerianer werden oder Thomasmanniak, nur um nicht ein halbes Buch lang vorwiegend dagegen zu sein?

Zurück nach Berlin!

Berlin: Hauptstadt am Nebengeleise.

Man sagt bei uns in scherzhafter Abwertung: Linz an der Tramway. Aber Berlin ist derzeit tatsächlich: Berlin an der U-Bahn. Entblößt vom internationalen Zugverkehr liegt der Bahnhof Zoo inmitten weltstädtischer Umgebung.

Berlin: auch als Hälfte noch die größte deutschsprachige Stadt. Wie wäre das ohne die Friedensverbrecher von Jalta und Potsdam, ohne fünfzigjährigen Krieg gewachsen und aufgeblüht! Und darf heute von jedem dahergelaufenen Tokio überflügelt werden.

Steuererleichterungen, Investitionen, großzügige Stadtplanung, Schnellstraßen, Unterführungen, Bevölkerungsabnahme, Überalterung.

Würden Sie nach Berlin übersiedeln? Ich – ja, brennend gern, es ist nur das: Ich habe Familie, an die muß ich doch auch denken.

Jeder intakte, jeder erneuerte Quadratmeter tut so wohl. Aber Zimmer und Wohnungen sind ganz leicht zu bekommen und vergleichsweise billig.

Würdelose Einfälle, Berlin attraktiv zu machen. Sonderzüge, Fahrt und Vorstellung pauschaliert, wozu? Zu der blutarmen Operette «My fair Lady». Warum nicht gleich Lincke oder Kollo?

Unter den wenigen Zuzüglern sind so viele herbeikommandierte Nichtberliner. Die progressive Mafia hat ihre Stoßtrupps auf Berlin angesetzt. Und das ist in ihrem Sinn taktisch sehr vernünftig. Hier ist die Bevölkerung leichter fertigzumachen als anderswo, weil eh schon nervlich überbeansprucht. Hier ist der ordnende Apparat so unübersichtlich und schwerfällig: drei Alliierte, Senat von Berlin, Bundesrepublik, dazu ein Viermächteabkommen. Und die Gegenseite vor den Toren der Mauer.

Sie werden einmarschieren, der Generalsekretär der Vereinten Nationen wird gerade in Nigeria sein, Tunesien und Senegal werden vermitteln, die nächste Münchener Konferenz wird eilig einberufen werden, großer Triumph des Westens: Nur Halensee und Kreuzberg bleiben ostdeutsch, das Axel-Springer-Haus wird neutrale Zone, alles andere wird wieder, wie's war, nur mit geringen Modifikationen zuungunsten der Bundesrepublik. Alles wird aufatmen.

Berlin hat nur gestimmt, solange es heroisch sein konnte. Leonidas hätte die Thermopylen auch nicht jahrzehntelang verteidigt.

Berlin ist ein ziviles Stalingrad; nur daß diesmal die eingeschlossenen Deutschen mit England, Frankreich und den Vereinigten Staaten verbündet sind.

Es gibt keinen krasseren inneren Widerspruch als den zwischen Entspannung und Berlin.

Von 1948 her war Berlin der Punkt der Erde, wo die Amerikaner beliebter waren als anderswo. Aber auch das haben sie sich schön langsam verscherzt.

Berlin wird immer enger, nervöser, strapazierter, älter, hysterischer. Dabei sind die Menschen hier so wunderbar. Nicht nur die Taxichauffeure.

An Berlin kann man ablesen – denn die weitere Umgebung der Stadt ist ja unzugänglich –, an Berlin kann man ablesen, wie ungerecht man gewesen ist, wenn man gegen «die Preußen» war.

Wie die Bayern unterscheiden auch wir zu wenig. Für sie wie für uns sind auch die Rheinländer und Hessen «Preußen».

Herbert Eisenreich will immer einen «Verein der Freunde Preußens in Österreich» gründen. Ich habe mich bereits für diesen Verein angemeldet, obwohl Eisenreich hauptsächlich den Clausewitz meint und meine strategische Ader nicht sehr stark entwickelt ist.

Man sollte nicht von «den Preußen», nicht einmal von «den Deutschen» sprechen, heute weniger denn je. Die Preußen verdienen die längst fällige Ehrenrettung: und in ihrer Eigenschaft als Berliner müßten sie eine positive Sonderstellung einnehmen.

So ist auch all die Scheußlichkeit, die in Berlin innenpolitisch passiert ist, für mich kein Grund, gegen «die Berliner» zu sein. Ich bin mit ihnen traurig, daß es bei ihnen so inkorrekt wie sonst überall, vor allem im bundesrepublikanischen Deutschland der siebziger Jahre, zugeht.

Böse bin ich nur dem Willy Brandt. Dem bin ich 'reingefallen. Der war für mich der Deutsche zum Herzeigen. Den hab' ich für lauter gehalten.

Als er noch Berliner Regierender Bürgermeister und ich noch Journalist war, hab' ich ihn in Wien erlebt. Er hat die Wiener Presse und das Publikum eines Riesensaals erobert, durch seinen, ja: durch seinen Charme, seinen trockenleuchtenden, bedächtig erwachsenen Jungencharme. Wenn sie alle so wären! Und er heißt auch noch Willy, er ist die Überwindung des Wilhelm. Willy der Eroberer.

Es war zur Zeit Adenauers, und natürlich war die SPD in der Opposition gegen Adenauer, aber Willy, im großen Festsaal des Wiener Rathauses, getragen von der allgemeinen staunenden Zustimmung «Ein Deutscher triumphiert in Wien», fängt plötzlich über den Kanzler zu sprechen an – wer genau hinhört, merkt die Sympathie, das Einverständnis. Geradezu zurückhalten hat er sich müssen, daß es keine Liebeserklärung an Adenauer wird!

Solange Brandt Berliner Bürgermeister ist, kann nichts passieren, Willy ist ja da, Willy ist prima. Und als er Kanzler wurde, war man einverstanden, weil er ja so ein großartiger Berliner Bürgermeister gewesen war, da wird er auch als Kanzler Berlin nicht vergessen, und sein dortiger Nachfolger war ja einer, der mit ihm befreundet war, Klaus Schütz; und wenn Willy für die Entspannung ist, dann kann das keine Kapitulation und keine Finte und kein schofler Politikerdreh sein, Willy weiß schon, was er tut, er kennt vor allem Berlin ja so genau, und jetzt hat er auch noch den Nobelpreis bekommen. Den kriegt man ja sonst eher, wenn man etwas erfolgreich hinter sich gebracht hat, er bekommt ihn als Vorschuß, aber um so überlegter und lauterer wird er jetzt Politik machen, unser Willy – und wer sagt, daß dieser Nobelpreis eine Wahlhilfe war, der ist übelwollend; bei jedem anderen vielleicht, aber bei Willy? Nee, Mensch!!

Und er kann's so gut mit den Intellektuellen, er ist mit dem Graß befreundet, endlich ein Politiker, der in dieser Richtung offen ist – endlich Autoren und Künstler in den Wahlkampf einbezogen –, da soll sich die Gegenseite ein Beispiel nehmen!

Ich weiß nicht, ob ich als Deutscher für ihn gewesen wäre, für ihn gestimmt hätte; aber ich wäre wohl dafür gewesen, daß er war und daß er so war, wie er war.

Und dann kommt alles 'raus, daß er zuviel trinkt, die ekelhaften Privatsachen, die indiskutablen Spionagesachen, und Willy ist darüber, daß die aus dem Osten in seiner nächsten Nähe spioniert haben, weniger empört als gekränkt. Er schmollt: Warum denn spionieren, wo ich doch sowieso derart entgegenkommend war ihnen gegenüber?

Und dann muß man ihn abservieren. Und doch nicht. Einer, der nicht Kanzler bleiben darf, weil er kompromittiert ist, wird Parteiobmann. Das eine nicht, das andere ja?

Ich vergesse ihm das nie. Ich fühle mich persönlich verletzt durch ihn.

Willy Brandt hat den Deutschen auf eine weite Strecke Zeit hin geschadet wie Nixon den Amerikanern, wenn auch auf ganz andere Manier.

Dazu kommt noch: Durch diesen unerwarteten brüsken Kanzlerwechsel ist Helmut Schmidt verfrüht dorthin gekommen, wohin er zwar unbedingt gehört hat, aber eben nicht so jäh, nicht so mit dem Kopf ins kalte Wasser. Auch das hat Brandt den Deutschen und dem Helmut Schmidt und mir angetan.

Ich hatte mich auf Helmut Schmidt gefreut (Sympathie für Hamburg). Nach dem hysterischen Schumacher und dem faden Ollenhauer, neben dem unleidlichen Wehner, endlich eine Garnitur, eine Kontinuität bei der linken Reichshälfte des halben Deutschland. Aber Schmidt mußte als ein Siebenmonatekanzler antreten, das kann kein Mensch in der erforderlich kurzen Zeit aufholen.

Und jetzt wollte ich wieder zu Berlin zurückfinden.

Ich habe mich gefragt, wie der derzeitige Berliner Regierende Bürgermeister heißt.

Ich weiß es nicht.

Mein Krieg gegen Deutschland

Stuttgart kommt mir vor: wie München geworden sein möchte, nur fleißiger. Keine heimliche deutsche Hauptstadt. Keine hektisch zu schnell gewachsene Überstadt. Stuttgart wächst stürmisch. Aber selbst Stürme sind hier gemächlicher als anderswo. In Stuttgart bauen sie gerade. In Düsseldorf sind sie gerade fertig.

Wer Frankfurt kennt, kommt gern nach Stuttgart. Auch der Vergleich mit Köln und Düsseldorf fällt bei mir zugunsten von Stuttgart aus.

Hier hat ein König residiert, aber nicht aus einer Lola-Montez-Richard-Wagner-Dynastie, kein klinischer Fall. Hier ist es geboten, sich auf ein Vokabular zu besinnen, das wegen allzu seltenen Gebrauchs zu verkümmern droht: rechtschaffen, wacker, arbeitsam, gediegen.

Natürlich wird man auch in Stuttgart betrogen und übervorteilt, aber rechtschaffen und gediegen.

Das hier ist eine gute Ecke Deutschlands. Ihr letzter Zipfel, der Schwarzwald, tut dem Auge und der Lunge wohl. Der Rhein ist nach seinem spektakulären Basler Knie hier nicht bedeutend, nicht berühmt, nicht legendär, nicht automatisches Reimwort auf «Wein». *Darum* ist's hier am Rhein so schön!

Ganz im Süden dieser Ecke ist Deutschlands Anteil am Bodensee. Drüben auf der Schweizer Seite staffeln sich die Gebirge. Von der deutschen Seite her sieht man sie. Allgäu – mir tönt's poetisch. Ortsnamen klingen nach Droste-Hülshoff, nach Mörike, nach Hermann Hesse. Der Pfarrer Kneipp paßt vielleicht dazu. Obst, schöne Bäume, linde Hügelwellen, Städtchen. Meersburg, Memmingen, Kempten, Maulbronn, Biberach, Ravensburg, Kaufbeuren, Blaubeuren. Wenn hier irgendwo keine Novelle und kein Roman und keine Erinnerung von Hermann Hesse lokalisiert ist, ist's rein zufällig.

Die meisten dieser kleinen Städte, Städtchen, Städtle sehen so aus, daß man sich vorstellen kann, wie Deutschland gewesen ist. Und die erzählende Prosa von Hesse, wenn sie nicht indisch oder spätere Verstiegenheit ist, die echte, originale Hesse-Prosa ist so wie diese Landschaft. Sie ist – man verzeihe mir die gleichfalls aus der Tiefe des Verkümmerns heraufgeholte Wendung: sie ist gut deutsch. Sie setzt im Süden fort, was Storm im Norden begonnen hat. Sie stimmt, auch wo sie sentimental und wehleidig ist. Ich kenne Norwegen nur durch Ibsen und Hamsun. Wie schön müßte es sein, Deutschland nur durch Storm und Hesse zu kennen.

Aber ich war ja in Stuttgart, also in Württemberg. Und der Schwarzwald ist badisch. Baden war ein Großherzogtum. Baden strotzt von berechtigtem Stolz auf Baden, Baden kann sich's sogar leisten, sich zu verdoppeln und als Kurort Baden-Baden zu blühen, wohltuend gediegen in waldreich-welligem Land. Auch hier meint man zu wissen, wie Deutschland gewesen ist.

Daß Baden und Württemberg in einen Bundesstaat gepfercht wurden, das ist nicht nur der verschiedenen Konfessionen wegen rücksichtslos und töricht gewesen. Nachbarn sind ja immer verfeindet, und es tut auch mir, dem Stuttgartfreund, weh, daß Stuttgart die Hauptstadt von Mannheim und Freiburg werden mußte.

Hier ist Deutschland anders. Hier ist Deutschland deutsch. Weiter östlich ist Bayern bayerisch.

Wenn ich jetzt, vom Osten Österreichs aus, an Stuttgart und die Ecke dort im Südwesten Deutschlands denke und meine Eindrücke und Einstellungen klären will, merke ich, wie gern ich diese Gegend habe. Das hab' ich in diesem Maß gar nicht gewußt.

Stuttgart heißt mit allen seinen Vornamen Mercedes. Auf dem Bundesbahnhof dominiert nicht das Wappen des Bundes, sondern das Wappen einer Autofabrik. Mercedes-Benz, das ist wie Habsburg-Lothringen.

Stuttgart wird – das ist wesentlich –, Stuttgart wird mehrheitlich von Stuttgarterinnen und Stuttgartern bewohnt.

Rund um Stuttgart ist gleichfalls Stuttgart. Aber das ist nicht so wie in Bern, wo der Kanton rundherum auch Bern, nicht so wie in Salzburg, wo das Bundesland rundherum gleichfalls Salzburg heißt.

Wer sich Stuttgart mit dem Wagen nähert, fährt, sobald er das Stadtgebiet erreicht hat, hinunter. Wer am Hauptbahnhof ankommt, ist unten, sieht eine schöne gerade Straße, ein Schloß, einen, mehrere ausführliche Plätze, einen, mehrere Gärten, eine nicht sehr anheimelnde neue Liederhalle, Theater. Hier unten ist auch das fußgängerische Einkaufsviertel angenehm in das Netz der Verkehrsstraßen eingepaßt.

Sooft ich in Stuttgart war, wurde viel und heftig und störend gebaut. Ich war schon einige Jahre nicht dort, ich weiß also nicht, ob das noch immer so weitergeht. Wie ich Stuttgart kenne: Eher ja.

Wohin immer man dort unten in Stuttgart den Blick in die Weite senden will, trifft er auf einen Kranz einfassender Erhebungen. Bei Fahrten durch Stuttgart findet man sich alsbald auf schräg ansteigenden Straßen, die man immer wieder miteinander verwechselt. Von oben sieht man immer wieder reizvoll hinab – doch die Einwohner, in berechtigtem Stolz, sagen nicht, daß man eine schöne Aussicht «auf das Zentrum» oder «auf die Stadt» habe. Sie sagen «auf Stuttgart». Stuttgart besteht zu einem großen Teil aus Blicken auf Stuttgart.

Unten fließt der Neckar, von dem man in Liedern und auch sonst oft hört. Ich konnte trotz bestem Willen keine innige Beziehung zu ihm entwickeln, obwohl Flüsse es bei mir im allgemeinen leicht haben.

Außer der Marke Mercedes sind die Spätzle eine besondere dortige Spezialität, handgeschabte Teigpartikel als Zutat zu Fleischen mit Saucen.

Ich werde es nie verstehen, daß die Form einen solchen Einfluß auf den Geschmack hat. Immer der gleiche Teig, einmal fadenförmig als Spaghetti, einmal rund und hohl als Maccaroni, dann quadratisch als Fleckerln, und als

Spätzle – schmeckt denn das alles nicht ganz gleich? Ißt man denn mit den Augen?

Die Schwaben, der redliche, ernsthafte, solide deutsche Stamm, werden gern zum Objekt des Spottes. Ihre an Diminutiven reiche Sprache mag dies begünstigen. Sie ist nicht so rauh wie das verwandte Schweizerische, nicht so breiig wie das Sächsische, sie verträgt sich durchaus mit Würde, wie mir der verehrungswürdige Herr Bundespräsident Theodor Heuß bewies, als ich die Ehre hatte, von ihm empfangen zu werden.

Ich war – in Deutschland erinnert man sich da und dort noch gern dran – einst von der Schauspielerin Käthe Dorsch in Wien, Ecke Museumstraße/Volksgartenstraße vor dem Café Raimund, wo sie mich erwartet hatte, am 13. April 1956 geohrfeigt worden. Am Morgen dieses Tages war über eine Burgtheaterpremiere in der Zeitung zu lesen gewesen:

«Auf der Bühne gastierte Käthe Dorsch. Sie zelebrierte ihre Rolle mit unvergleichlicher Sprachkunst, aber es war, als sänge eine bedeutende und gefeierte Sängerin Arien im Konzertsaal; alles, was gestaltet, erlebt sein sollte, blieb Ansatz, Andeutung, wie Stars oft auf Verständigungsproben sind oder bei der dreihundertsten Vorstellung.»

Ohne besondere Sprachkunst hatte sie mich auch als «Dreckfink» und «Dreckskerl» bezeichnet.

Ich rede und schreibe über diese Affäre sozusagen nie, aber in diesen Zusammenhang gehört sie wegen ihrer Folgeerscheinungen.

Sie zog Kreise wie stilles Wasser nach einem Steinwurf.

Eilfertige Kommentatoren und Prominente schalteten sich ein, und alsbald war Österreich eine Brutstätte des Antisemitismus geworden. Fritz Kortner kündigte an, daß er Österreich nie wieder betreten werde, und das wäre ein Segen gewesen und daran wäre ich auch gern schuld gewesen, aber der Vorwand dieser Affäre war dazu nicht geeignet. Die Attacke der cholerischen Diva mag gewesen sein was immer, aber antisemitisch war sie gewiß nicht, und Käthe Dorsch hatte durch ihre mutige und vorbildliche Haltung im Dritten Reich bewiesen, daß sie gewiß nicht antisemitisch sein konnte. Doch gerade ich konnte ihr das gerade damals leider nicht attestieren, ich konnte, solange das Gerichtsverfahren lief, nicht eingreifen und das verwickelte Knotengeflecht lösen helfen. Es löste sich dann allmählich auf, ohne böse Folgen und ohne daß ich selbst eingreifen mußte.

Heiterer waren die Auswirkungen auf das Wiener Burgtheater. Dort war man böse auf mich, weil sich ein Mitglied des Hauses mir gegenüber schlecht benommen hatte.

Käthe Dorsch war am 7. Juni 1956 verurteilt worden. Es war die Zeit der Wiener Festwochen. Das Darmstädter Ensemble unter Sellner kam mit der «Elektra» des Sophokles als Gäste des Burgtheaters nach Wien. Ich war mit den Darmstädtern befreundet und hatte zum Zustandekommen dieses Gastspiels beigetragen.

Die deutsche Botschaft hatte, wie üblich, den Gästen zu Ehren zu einem Empfang geladen. Auf Betreiben der Burgtheaterprominenz wurde ich nicht eingeladen.

Das war angesichts der traditionellen Einladegewohnheiten ein sogenannter unfreundlicher Akt und war angesichts meiner nahen Beziehungen zum Ehepaar Sellner und dem Ensemble ganz besonders ungezogen.

Ich ärgerte mich, als ich es in der Redaktion erfuhr. Und wer die Krankengeschichte meiner Beziehung zu Deutschland bis hierher verfolgt hat, wird mich, wenn schon nicht billigen, dann zumindest verstehen.

Ich ärgerte mich sehr. Ich bat ultimativ den deutschen Kulturbevollmächtigten zu mir in die Redaktion. Ich schreie selten. Diesmal schrie ich.

Ich forderte Genugtuung. Ich werde inzwischen die Bundesrepublik nicht betreten. Man möge mich durch irgendeine Geste offiziell und weithin sichtbar rehabilitieren.

Ich würde in die Botschaft eingeladen und vom Herrn Botschafter demonstrativ freundlich behandelt werden.

Lächerlich!

Herr Kempnich, ein liebenswürdiger rundlicher Herr, mit dem ich vorher und nachher das beste Einvernehmen pflegte, erbat sich Bedenkzeit.

Ich versicherte: Ich werde von Salzburg nach Belgien über die Schweiz und Frankreich fahren, ich werde die Mitarbeit an allen bundesdeutschen Zeitungen und Zeitschriften und Sendern und Theatern einstellen. Die Bundesrepublik werde für mich zur res publica non grata werden. Und es war mir ernst damit.

Bald war es so weit. Herr Bundespräsident Theodor Heuß wird mich in Bonn empfangen.

Umständlich wie bei einem Staatsbesuch wurde der Termin ausgehandelt.

Ich fuhr nach Bonn. Ich hatte ein Gespräch von etwa einer Viertelstunde mit dem Herrn Präsidenten, natürlich kein Wort über die Affäre, sondern über Österreich, über die relative Abwesenheit großer Komponisten in seiner schwäbischen Heimat, über seinen verstorbenen Freund, den Wiener Wirtschaftspublizisten Dr. Gustav Stolper, über den ich zum Glück einiges wußte.

Als ich ihm nahelegte, Österreich zu besuchen, meinte er: «Ich bin ein schwer bewegliches Wertobjekt.»

Aber er kam einige Zeit später, nicht mehr als Präsident. Da wurde ich schon wieder in die Deutsche Botschaft eingeladen.

Kurz nach dem Darmstädter Gastspiel kam ein schwedisches Ensemble als Gast des Burgtheaters nach Wien. Auch die schwedische Botschaft lud zu einem Empfang, auch mich, aber vorsichtigerweise war arrangiert worden, daß ein Teil der Gäste, darunter das Burgtheaterensemble, nach links, der andere Teil, darunter ich, nach rechts gebeten wurde.

Als ich dies gemerkt hatte, bat ich Monsignore Otto Mauer, den großen Wiener Kunstfreund, er möge bitte mit mir in angeregtem Gespräch durch alle Räume, auch die links vom Eingang gelegenen, spazieren. Er war dazu gern bereit. Wir spazierten, langsam und locker, es war für mich nur Amüsement.

Nicht aber für die Burgschauspieler, denen man anscheinend meine Anwesenheit verheimlicht hatte.

Während ich spazierte, ereignete sich kein Zwischenfall. Dann aber, so wurde mir glaubwürdig berichtet, rief Raoul Aslan, der Doyen des Hauses, mit Donnerstimme aus:

«Wenn diese Schweden nicht wissen, was das Burgtheater ist, dann sollen sie in Oslo bleiben!»

Das Andorra-Syndrom

Vielleicht war's übertrieben. Vielleicht hätte ich nicht den sympathischen Herrn Kempnich, den deutschen Gentleman-Botschafter Müller-Graaf, die zahlreichen Stellen des bundesdeutschen Apparats bemühen, dem verehrungswürdigen deutschen Staatsoberhaupt eine Viertelstunde stehlen sollen. Aber es war stärker als ich. Ich fühlte mich ganz persönlich und direkt, wie mit Absicht gekränkt. Gerade mich, ihren Freund, brüskierten sie.

Wäre ich paranoisch, ich hätte behauptet, daß der Ernst Schnabel dahinterstehe. Doch der hatte mir sogar, als ich im «Monat» den Arnolt Bronnen polemisch abgeschlachtet hatte, einen verschämten Gratulationsbrief geschrieben: ich hätte da in einer sehr heiklen Sache ...

Wieso heikel? Bronnen war Expressionist gewesen, was ist da heikel? Bronnen war ein Nationaler gewesen, was ist da heikel? Bronnen war später (oder gleichzeitig?) Kommunist gewesen, was ist da heikel? Sein Vater war Jude gewesen, und Bronnen hatte, um nicht belastet zu sein, seine Mutter schwören lassen, daß ihr Sohn nicht von seinem Vater war.

Heikel? Ein grandioser Stoff für eine Polemik, um so mehr als der junge Expressionist Bronnen ein Drama

«Vatermord» geschrieben hatte und sein Vater (er nannte sich «Franz Adamus») ein Drama, worin ein national gesinnter Sohn seinen jüdischen Vater verleugnet.

Meinte der Gratulant, es sei heikel, da doch ich auch ...

Haben sich apropos Dorsch irgendwelche Deutsche damals besonders für mich eingesetzt, weil doch ich auch ...

Die beiden Dorsch-Ohrfeigen hatten, bei aller zeitraubenden Unannehmlichkeit der Affäre, für mich ein Positivum gehabt: Ich war unmißverständlich als einer anerkannt, der keine Privilegien genoß. Ich hab' mich vom ersten Augenblick des Zurückgekommenseins, nein: schon beim Aufbruch in die Emigration, als ein Österreicher wie alle anderen gefühlt, weder belastet noch entlastet. Ich habe, wieder zu Hause, alsbald kritisiert, polemisiert, mich herumgerauft, und mein gnadenreiches Schicksal hat es mir ermöglicht, in all diesen Zusammenhängen unbefangen zu sein. Man hat mich beschimpft, gehaßt, abgelehnt, verflucht, aber nur als Weigel, nicht als Juden.

Was man hinter meinem Rücken gesagt haben mag, ist mir gleichgültig. Ich selbst schimpfe hinter vielen Rücken, auch hinter denen von Freunden, wenn sie mich ärgern.

Und ich ärgere mich, daß es in der Bundesrepublik das gibt, was ich Andorra-Syndrom nenne.

Um es zu erklären, muß ich zunächst einen Witz erzählen. Er ist in bundesdeutschem Ton vorzutragen.

Zwei Personenkraftwagen stoßen zusammen.

Beide Lenker stürzen auf die Straße.

Der an dem Zusammenstoß unschuldige Lenker fragt

den schuldigen Lenker in höflichem Ton: «Verzeihung, sind Sie Jude?»

«Nein», antwortet der an dem Zusammenstoß schuldige Lenker.

Der unschuldige Lenker brüllt übergangslos: «Verdammter Idiot, kannst du nicht aufpassen?!» Und ohrfeigt den schuldigen Lenker.

Ich finde, daß nicht nur für Zusammenstöße im Straßenverkehr das religiöse Bekenntnis unerheblich ist.

Genauso wie ich im Winter 1945/46 geschrieben hatte: «Es gibt auch grausliche Österreicher, es gibt auch sympathische Deutsche», wäre zu schreiben: «Es gibt auch grausliche Juden, es gibt auch sympathische Christen» ..., daß die berechtigte Feststellung der Grauslichkeit eines «Nichtariers» nicht gegen die Menschenrechte verstößt, daß man die Gattungsbezeichnungen «Arier» und «Nichtarier» endlich vergessen sollte, um die Nürnberger Gesetze endlich auf den Mist zu hauen. Es sollte, so schrieb ich einmal in einem Leserbrief an den «Spiegel», nicht die Mischung aus Denkmalschutz und Narrenfreiheit geben, wie sie ein «Jude» genießt.

Als ich wieder einmal in Zürich war, erzählte mir Kurt Hirschfeld, sie bereiteten am Schauspielhaus ein Stück von Max Frisch vor, «das wird kein anderes Theater sich zu spielen trauen». Ich war neugierig und schaute mir sehr bald eine Aufführung von «Andorra» in Zürich an.

Ich fand und finde «Andorra» zum Unterschied von dem hinreißenden «Biedermann» mißlungen, verblasen, nicht zu Ende gedacht und vor allem gefährlich.

Wir wissen, daß Frisch Schweizer ist. Wir wissen, daß es ein Land Andorra tatsächlich gibt, ein kleines Land zwischen großen Ländern. Die Anspielung auf die Schweiz liegt also nahe und führt in die Irre.

Der Held des Schauspiels erleidet die Qualen des Juden im faschistischen Staat, ist aber kein Jude. Er tut uns leid, aber natürlich auch darum, weil er ein Schicksal erleidet, das er irrtümlich erleidet. So liegt, wenn man nicht ganz intensiv nachdenkt, die Folgerung nahe, daß das, was ihm da geschieht, nicht so sehr an sich von Übel ist, sondern vor allem darum, weil es *ihm* geschieht.

Wie das Problem gerecht und stimmend anzupacken ist, hat Arthur Miller in seinem Roman «Focus» erwiesen.

Natürlich wurde «Andorra» überall gespielt. Weil keine Bühne sich getraute, schien mir, «Andorra» nicht zu spielen. Sonst wäre sie in den Geruch gekommen, antisemitisch und nationalistisch zu sein. Und nach meinen Informationen hatte «Andorra» auch weitgehend (wohl aus der gleichen Ursache) gute Kritiken.

«Andorra» kam nach Wien.

Schon vorher war ich gelegentlich gefragt worden: «Kennen Sie ‹Andorra›?» – «Ja», pflegte ich zu antworten, «schrecklich!» Da atmete der Gesprächspartner erleichtert auf und sagte entweder: «Gott sei Dank!» oder «Wenigstens einer!»

Nach der Premiere erschien meine Kritik mit der Überschrift «Warnung vor Andorra». Viele beglückwünschten mich, aber sie taten's in halblautem Ton, wie man in der Diktatur einen Regimegegner beglückwünscht. Unter den

Glückwünschenden befand sich auch ein Kollege, der eine positive Kritik geschrieben hatte.

Bei der Berliner Premiere des «Don Juan» von Molière, Regie: Fritz Kortner, waren – so erzählte mir ein Ehepaar, das dabei war – alle Wissenden darüber einig, daß es sich um eine schreckliche Inszenierung handelte, und sagten es einander in der Pause und nach Schluß der Vorstellung. Dann aber erschienen positive Kritiken.

Ich habe die Vorstellung in Wien gesehen. Man zeigte das, wofür man sich genieren hätte sollen, sogar dem Ausland. Es war ganz schrecklich. *Ich* habe einen Verriß geschrieben und ihn in mein Buch «Tausendundeine Premiere» aufgenommen.

Als Fritz Kortner auf einer Probe den Münchener Schauspieler H., über den er sich geärgert hatte, als «Nazi» beschimpfte, antwortete der: «Ich war im Konzentrationslager.» Das war natürlich ungeschickt und unrichtig. Wenn mich ein Kollege als Verbrecher bezeichnet, sage ich nicht: «Ich habe ein polizeiliches Leumundszeugnis.» Ich verklage ihn oder bringe ihn vor ein Ehrengericht meiner Standesorganisation. Oder ich rufe ihm ein berechtigtes Schimpfwort zu.

H. aber sagte: «Ich war im Konzentrationslager.»

Und Kortner antwortete: «Nicht lange genug.»

Er durfte in der Bundesrepublik weiterleben und weiterarbeiten, und wenn ich mich dessen erinnere, werde ich heute noch fast unzurechnungsfähig vor Zorn.

Unangenehme Menschen ähnlichen Kalibers haben sich in Deutschland und Österreich ähnlich benommen.

Ein Schauspieler bezeichnete einen Salzburger Verkehrspolizisten, der ihn maßregeln wollte, weil er verkehrt in eine Einbahnstraße gefahren war, als «Nazi». Die Affäre wurde sorgsam vertuscht. Warum?

Dem Dirigenten Otto Klemperer sagte man im Umgang mit Orchestern Ähnliches nach.

Die Autoren der Operette «My fair Lady», aus Mitteleuropa stammend, weigerten sich jahrelang, die Aufführungsrechte für Deutschland und Österreich zu vergeben. Man empfand dies nicht als ungeheuerlichen Affront, man sagte «Recht haben sie von ihrem Standpunkt!», und als die Rechte dann doch frei wurden, wies man das Stück nicht hohnvoll zurück, sondern bedankte sich bei den beiden (jawohl) Faschisten. Ja, es gibt auch Faschisten mit umgekehrtem Vorzeichen, die ohne Unterschied ganze Völker als Unmenschen ansehen.

Als (wieder) Fritz Kortner vor der Premiere des schwierigen Stücks «Dantons Tod» am Münchener Residenztheater mit den Vorbereitungen noch längst nicht so weit war, als er hätte sein sollen, als das Stück noch kein einzigesmal so, wie es am Abend zu laufen hatte, durchgelaufen war, übernahm schweren Herzens der Theaterleiter die Leitung der Proben, um die Premiere, wenn möglich, termingerecht stattfinden zu lassen. Da gebrauchte Fritz Kortner (wieder) den Ausdruck «Nazi».

Ich habe mehrfach Eingebungen, die sich als segensreich erweisen. Ich scheine über etliche Schutzengel zu verfügen, deren liebenswertester mein christlich-jüdischer Schutzengel ist. Obwohl derlei sonst gewiß nicht auf meiner Linie lag, hieß dieser Schutzengel mich an das Ensemble des Residenztheaters telegraphieren: «Ich beglückwünsche Sie zum Abgang Fritz Kortners.»

Wichtigtuerei?

Der Personalrat der Münchener Bühne fragte korrekterweise zurück, ob ich tatsächlich der Absender sei und ob man das Telegramm auf dem Schwarzen Brett anschlagen dürfe.

Ich bejahte gern.

Etwas später meinte ein Mitglied des Ensembles: «Hans, du hast keine Ahnung, wie wichtig das war! Alle waren so unsicher. Es war an der Kippe. Da ist dein Telegramm gekommen, und dann hat alles gestimmt.»

Ist es nicht schrecklich? Ist es nicht, auf eine gebührende Dimension reduziert, Nationalsozialismus mit umgekehrtem Vorzeichen? Was man keinem anderen gestattet, gestattet man einem Mann, weil er Deutschland hatte verlassen müssen und die Jahre des Kriegs in den Vereinigten Staaten verbracht hatte. Wo ist da das Verdienst, wo ist der Anlaß, die Gleichheit vor dem Gesetz aufzuheben?

Wie darf man Deutsche für Taten verantwortlich machen, die sie nicht begangen haben?

Ich nenne es Terror.

Ich bin darüber sehr traurig, weil es Folgen haben könnte und vermutlich gehabt hat.

Ich stelle mir vor, wie es einem schlichten Deutschen zumute sein muß, der einen anderen beleidigt hat und dafür rechtskräftig verurteilt wurde, wenn er erfährt, daß Kortner & Co. «Nazi» sagen dürfen, ohne bestraft zu werden.

Sie messen mit zweierlei Maß in der Bundesrepublik (auch in Österreich, wo Kortner im Unterrichtsministerium eine hohe Auszeichnung erhielt und darauf in einer unsympathischen Rede antwortete).

Ich habe das Wort «Nazi» nie verwendet, wenn es sich nicht um eine Abkürzung des Namens «Ignaz» handelte. «Nazi» klingt zu herzig, zu freundlich, um einen Anhänger der widermenschlichen Barbarenpartei zu benennen. In der ersten Zeit sagte man bei uns «Hakenkreuzler», und das war denkbar, ebenso wie die Kurzform «Hackinger», das hatte etwas Ungutes, Gefährliches – ist aber längst in Vergessenheit geraten.

Und so muß man sich schon entschließen, «Nationalsozialist» zu sagen. Dies aber darf man nur, wenn man einen Nationalsozialisten meint, der für die gewaltsame Liquidierung der Juden, für die Wiedergewinnung der ehemals deutschen Kolonien, für die Rückgliederung von Elsaß und Lothringen und Österreich ist, der das Sudetenland für Deutschland reklamiert und noch viele andere Ziele der NSDAP zu den seinen gemacht hat.

Ich lege meine Hand dafür ins Feuer, daß im Ensemble des Münchener Residenztheaters niemand auch nur der Meinung war: Königsberg und Breslau sind uralte deutsche Städte, die müssen wieder deutsch werden.

Und hätte einer diese Meinung, mag er ein Nationalist sein. Es gibt auch, immer noch, Pangermanisten, Antisemiten, Faschisten, die nach dem starken Mann rufen. Wer alles dies oder einiges davon ist, der mag ein Feind der parlamentarischen Demokratie, ein Befürworter der Diktatur, ein Reaktionär sein, aber ein «Nazi», also Nationalsozialist, ist er in der überwiegenden Zahl der Fälle, in denen er als solcher bezeichnet wird, nicht.

Es ist – und nun wird es wirklich heikel! –, es ist auch denkbar, Einwände gegen Heinrich Heine oder Lion Feuchtwanger oder den Geiger Menuhin oder den Dirigenten Bernstein zu äußern, zu sagen: «Den kann ich nicht leiden!», und doch kein «Nazi» zu sein. So wie man gegen den Dirigenten Sawallisch, den Pianisten Cliburn, den Autor Wildgans, den Dichter Uhland sein kann und deshalb kein Antichrist sein muß. Ich kann zum Beispiel den S.-Fischer-Verlag nicht leiden und bin doch, weiß Gott, weder ein Antisemit noch ein Nationalsozialist. Als aber der deutsche Journalist Ramseger eine sachlich berechtigte Polemik gegen S. Fischer erscheinen ließ, hörte ich, wie man in der Bundesrepublik diesen Artikel als Naziartikel qualifizierte.

Man mißt mit zweierlei Maß. Man will und kann die Verbrechen nicht vergessen, welche durch Deutsche verübt wurden. Diese Haltung ist aller Ehren wert und durchaus berechtigt. Fragwürdig wird sie aber, wenn man für diese Verbrechen Menschen mitverantwortlich macht, die nichts mit ihnen zu tun hatten.

Alfred Polgar, damals noch in Amerika lebend, schrieb einmal über die «Wiener mit ihren Mördergesichtern».

Ich liebte und verehrte ihn, das wußte er, und ich schrieb ihm damals: «Hat der Alexander Steinbrecher, der Rudolf Steinboeck, der Max Fellerer ein Mördergesicht?»

Kurze Zeit später hat ihm die Mörderstadt Wien als erstem den neugeschaffenen Preis der Stadt Wien für Publizistik verliehen. In der Jury saßen lauter Wiener Mörder, unter ihnen der Mörder Hans Weigel.

Daß man Mördern welcher Herkunft immer mit Recht den Prozeß macht – fast schäme ich mich, das eigens auszusprechen –, daß man für Verbrechen, die im Zusammenhang mit dem Krieg und politischen Massakern begangen wurden, die Verjährungsfrist aufhebt, das ist für mich selbstverständlich.

Aber ich muß es doch aussprechen. Denn mir will scheinen, als sei es nicht überall und immer selbstverständlich.

In Nürnberg wurde den führenden Exponenten des nationalsozialistischen Regimes der Prozeß gemacht. Gegen alle hohen Prinzipien des abendländischen Rechtsempfindens. Auf Grund etwa der Maxime: Recht ist, was dem gesunden Volksempfinden in Amerika, in England, in Frankreich, in der Sowjetunion entspricht.

Die Angeklagten wurden nicht auf Grund von Gesetzen verurteilt, die in Kraft gewesen waren, als die Delikte begangen wurden. Viele von ihnen verdienten die Todesstrafe, aber nicht auf Grund dieses Verfahrens.

Man hat gegen Barbaren im Namen der Menschlichkeit ein Verfahren auf Grund einer barbarischen Rechtsauffassung abgewickelt.

Auch die Voraussetzungen des Eichmann-Prozesses widersprachen den sonst im Abendland bindenden Rechtsnormen. Er kam vor seine Richter auf Grund eines Delikts, das man «Menschenraub» nennt, und es ist mir nicht bekannt, daß man versucht hätte, dieses Delikt in diesem Fall zu verfolgen.

Ich habe weder mit Eichmann Mitleid noch mit den Verurteilten von Nürnberg (Rudolf Heß ausgenommen, für dessen Entlassung und Begnadigung ich mich durch meine Unterschrift eingesetzt habe). Aber mir wäre wohler, wenn es rund um die Prozesse und bei den Prozessen abendländischer zugegangen wäre.

Unweit von Nürnberg liegt die Stadt Hof. Unweit von Hof befindet sich die Grenze zwischen Deutschland und der Tschechoslowakei.

In der Tschechoslowakei wurde nach dem Zusammenbruch der deutschen Herrschaft Unvorstellbares gegen tschechoslowakische Bürger deutscher Sprache verübt. Mir sind ganz entsetzliche Einzelheiten glaubwürdig berichtet worden, und ich habe keinen Anlaß, die Authentizität der Berichte zu bezweifeln.

Wenn ich in diesem Kapitel schon einmal den «Nationalsozialismus mit umgekehrtem Vorzeichen» beim Namen genannt habe – jetzt drängt sich mir diese Qualifikation erst recht auf.

Man hat wie im russischen und polnischen Pogrom, wie bei der Schlachtung der Armenier in der Türkei, wahllos geprügelt und verwundet und gemordet, und auch deutschsprachige Juden, auch deutschsprachige Sozialdemokraten und Gegner des deutschen Regimes waren unter den Opfern.

Alles, was Deutsche an Unmenschlichkeiten begangen haben, wird untersucht, dokumentiert und nach Möglichkeit gesühnt.

Das aber, was an Deutschen begangen wurde, ist diskretem Verschweigen und Vertuschen und Vergessen anheimgegeben; mir ist keine Untersuchung, kein Verfahren in diesem Zusammenhang bekannt.

Man überläßt die publizistische Behandlung dieser und etlicher anderer Materien den gewissen extrem rechtsstehenden Organen, bei denen sie schlecht aufgehoben sind, wo echte, gelegentlich berechtigte Hinweise durch ihre suspekte Umgebung und den, sagen wir's gelinde: unguten und unangenehmen Stil der publizistischen Aufmachung diskreditiert sind.

Wir erleben gegenwärtig eine begrüßenswerte Aufwertung der Menschenrechte, eine Rückbesinnung auf die Charta der Vereinten Nationen.

Nach mehr als drei Jahrzehnten kann für die Untaten von 1945 in der Tschechoslowakei keine gerechte Sühne mehr erwartet werden.

Aber die Gerechtigkeit könnte zumindest darin bestehen, daß die Verschwörung des Schweigens durchbrochen wird.

Die tschechoslowakischen Unterzeichner der Charta 77, denen meine leidenschaftliche Sympathie gehört, hätten in diesem Zusammenhang eine Aufgabe von säkularer Bedeutsamkeit.

Die Blickrichtung

Ich wollte Bayerisch Eisenstein wiedersehen.

Ich hatte etwas mehr als zwei Sommerwochen frei und wollte irgendwo in einer angenehmen Gegend an einem größeren Manuskript arbeiten. Ich fuhr über Plattling, Deggendorf, Regen, Zwiesel nach Bayerisch Eisenstein. Die Fahrt durch den Bayerischen Wald war wunderschön, ich erkannte die Kehrtunnels wieder, die mich damals fasziniert hatten. Ich kam nach Bayerisch Eisenstein an den Grenzbahnhof.

Hier hatte damals die deutsche Bahnlinie geendet und die tschechoslowakische begonnen. Der Bahnhof war gemeinsam gewesen.

Jetzt endete hier nicht nur die Bahnlinie.

Auf der Straße, wo man einst selbstverständlich über die Grenze spaziert oder gefahren war, befand sich wie für die Ewigkeit eine Art Barrikade. Der Minengürtel war wohl dahinter.

Ich nahm mir in einem angenehm freundlichen Gasthof ein Zimmer.

Zum Arbersee konnte man jetzt mit einem Autobus fahren.

Die ganze Gegend war voll von deutschen Urlaubern.

Da man in Österreich und in Italien zu dieser Zeit derartige Legionen und Kolonnen von Deutschen zu sehen gewohnt war, hatte ich gemeint, Deutschland selbst sei leer. Aber auch hier wimmelten sie.

Ich fuhr mit dem Autobus zum Arbersee, erkannte den Wald wieder und den See.

Alles war mit sich identisch geblieben. Was war seit den dreißiger Jahren an Veränderung geschehen – doch diese Landschaft war geblieben. Als habe sie geduldig auf mich gewartet.

Vom See zum Arberschutzhaus führte jetzt ein Sessellift. Ich schaukelte hinauf.

Oben war es primitiv, aber sehr angenehm. Ich mietete ein Zimmer, schaukelte hinunter, fuhr in den Gasthof, holte meinen Koffer, fuhr zum See, schaukelte hinauf.

Ich blieb zwei Wochen in dem Arberhaus. Pensionäre wie mich gab es nur wenige. Morgens war es still und friedlich. Dann kamen allmählich die Ausflügler – da ging ich in mein Zimmer. Ein kleiner Tisch stand am Fenster, ich sah auf die Landschaft, während ich an meinem überaus städtischen Manuskript arbeitete.

Mittags hatte ich in der Gaststube das Recht auf einen eigenen Tisch und schnelle Bedienung. Dann ging ich wieder hinauf. Gegen Abend wurde es wieder friedlich – ich ging spazieren, bis zu dem etwas höher gelegenen Gipfel.

Von dort sah man weit hinaus in die Landschaft, aber nicht tief hinein. Man sah die bayerischen Berge. Man sah den Böhmerwald. Einen Gipfel, den Osser, erkannte ich leicht. Zu seinen Füßen lag die Bahnstation Hammern-Eisenstraß der Linie Pilsen–Eisenstein. Viel näher, fast unterhalb mußte das böhmische Dorf Eisenstein sein, das ich so gut kannte, mit dem Wohnhaus und dem Kaufmannsladen meiner Großeltern, das Dorf, das ich hätte aufzeichnen können, mit der Zwiebelkirche und dem Kaiser-Josef-Denkmal. Und das konnte ich nicht sehen.

Wenn ich bei Tag aus dem Zimmer und aus dem Haus ging, sah ich immer wieder Leute, die nicht aussahen wie Touristen. Sie stiegen hoch hinauf und schauten hinunter (viele mit Fernrohren und Feldstechern) und suchten und mutmaßten, was wohl wo sei. Auch sie hatten dieses Land verloren wie ich, wenn auch zu einer anderen Zeit.

Und nun mache ich einen Sprung über ein Jahr oder mehr.

In einem kleinen steirischen Dorf hatte eine literarische Tagung stattgefunden. Gut gemeint, aber ungeschickt angepackt. Die Berichterstattung hatte noch das Ihrige beigetragen, und ich mußte lesen, das Ergebnis der Begegnung sei gewesen, daß die «Nationalen» keinen Groll mehr hegten und verziehen.

Da bekam ich einen Zorn in eine Richtung hin, in welche ich mich höchst selten als zornig erzeigte. Ich sprach in einer Radiosendung über das, was in dem Bericht berichtet worden war, und meinte: «Wenn schon verzeihen, dann wir ihnen und nicht sie uns!»

An der Veranstaltung hatten auch einige durchaus achtbare, mit mir befreundete Kollegen teilgenommen, und im nächsten Jahr sagte einer von ihnen: «Jetzt haben sie mich wieder nach Pürgg eingeladen – was soll ich tun? Ich will doch nicht wieder von dir angeschossen werden.»

Da sagte ich: «Sie sollen mich auch einladen. Ich verspreche, daß ich nicht provozieren werde. Und ich werde ein Referat über die ‹Aufgaben des österreichischen Schriftstellers› halten.»

Ich wurde eingeladen. Ich kam in die Steiermark, in die herrliche Gegend um Bad Aussee, die ich so liebe. Bruno Brehm war dort, Franz Spunda, Mirko Jelusich, Alphons von Czibulka, Hans Friedrich Blunck, Heinrich Zillich, na ja!

Ich verlasse mich auf meinen Instinkt, meinen Schutzengel, auf meine heimliche Wünschelrute. Mit dem Blunck sprach ich hauptsächlich über Märchen. Czibulka wirkte freundlich-harmlos. Brehm und ich waren beide überrascht, wie gut es uns miteinander gelang. Jelusich und Spunda mochte ich überhaupt nicht, da blieb es beim Existenzminimum an Korrektheit. Und Zillich lag mir noch weniger.

Aber es waren auch liebe, nahestehende Kolleginnen und Kollegen dabei. Ich lernte Paula Grogger kennen (heute sind wir befreundet), ich sah Christine Lavant wieder, das elbische Wesen im Dirndl, das sich die Maske des Holzweiberls zurechtgelegt hatte, ich freundete mich mit Gerhart Ellert an, ich fand auch Zugang zu Josef Friedrich Perkonig, den ich später in seiner Villa am Wörthersee besuchte.

Die Veranstaltung war von einem steirischen Landtagsabgeordneten ersonnen worden, der die Idee hatte, zu überbrücken, zu einigen, zu verständigen, der es gewiß gut meinte. Wenn ich denke, wie sich heute das Weiße Haus mit dem Kreml entspannt, sehe ich nicht ein, warum ich nicht mit Kollegen aller Art zwei bis drei Tage in offenem Gespräch verbringen soll.

Das Zusammensein war für mich wichtig, also bin ich dem Landtagsabgeordneten dankbar. (Wer ihn im Geist vor sich sieht, dem muß ich ergänzend erzählen, daß er schwerstkriegsversehrt war und kaum gehen konnte.)

Man stellt sich, wenn man ohne Ansehen der Person polemisiert, unter seinen Widersachern große, mächtige Figuren vor, gegen die man mit großem Kaliber zu schießen hat.

Da sah ich den Dr. Jelusich und den Dr. Spunda in natura, nicht groß, nicht mächtig, nicht mehr in ihrem Saft. Keine Gefahr! – Man macht sie größer, wenn man ein zu großes Kaliber aussucht.

In einem Gespräch sagte Heinrich Zillich über die Siebenbürgendeutschen (er kam von dort), man dürfe doch nicht vergessen, daß sie für uns gekämpft und uns verteidigt hätten. Da meldete sich ein junger Grazer Redakteur und sagte, sachlich feststellend, er habe beim besten Willen nicht das Gefühl, daß er in Siebenbürgen verteidigt worden sei.

Dieser Wortwechsel war wichtig.

Ich hielt meinen Vortrag und sagte alles über den österreichischen Schriftsteller, seinen Standpunkt und Standort, was angesichts allzu «nationaler» Strömungen zu sagen nötig schien.

So begab sich alles ordentlich, fair, korrekt.

Aber die Veranstalter hatten auch – denn sie waren, wie gesagt, ungeschickt – zwei junge bundesdeutsche Bürschchen eingeladen, die mit irgendeiner obskuren politischen Zeitschrift zusammenhingen.

Gegen Ende eines Vormittags sprach der eine und erwies sich nicht nur als politisch extrem rechts, sondern auch als wenig gescheit. Er sagte etwa: Und wenn man da bei Salzburg einreist, und zuerst kommt ein Beamter in grüner Uniform und dann einer in grauer Uniform, jeder von einem andern Staat – so eine Grenze müßte doch wirklich nicht sein.

Der Vorsitzende war verlegen und furchtsam. Nach jedem Referat war diskutiert worden, jetzt aber sagte er, wir sollten mit Rücksicht auf die vorgeschrittene Zeit nicht mehr diskutieren, sondern mittagessen.

Da meldete ich mich zum Wort. Ich zitierte einen österreichischen Parlamentarier, der das Wort von der «unsichtbaren Grenze» zwischen Österreich und Deutschland geprägt hatte. Ich sagte, ich sei auch dafür, daß die Grenze zwischen Österreich und Deutschland verschwinde, vorausgesetzt, daß auch andere Grenzen unsichtbar werden, zwischen Österreich und der Schweiz, zwischen Österreich und Italien, zwischen Deutschland und Frankreich … und vorausgesetzt, daß die Grenze sehr sichtbar bleibe zwischen Österreich und Ungarn, Österreich und der Tschechoslowakei.

Nie vorher und nie nachher waren Steirer mir so dankbar.

Am letzten Abend, in angenehm aufgelockerter Stimmung, klopfte ich an mein Glas, um Abschieds- und Dankesworte zu sprechen.

Ich sagte – ungefähr –, daß ich auf dem Arber gewesen sei und sehnsuchtsvoll hinuntergeschaut habe, wohin andere von dort ebenso sehnsuchtsvoll hinuntergeschaut haben. Ich habe Verwandte verloren, die anderen vielleicht auch. Meine Verwandten sind durch die vertrieben worden, die später ihrerseits vertrieben wurden.

Als ich aber oben auf dem Arber war, war Etliches ausgeglichen: Jetzt haben wir immerhin eine Blickrichtung gemeinsam.

«Die Sudetendeutschen» nennt man sie, und sie nennen sich selbst so. Aber das ist mißverständlich.

Suchen Sie auf einer Landkarte die Sudeten und bedenken Sie dann, wo überall Deutschsprachige in der Tschechoslowakei gewohnt haben.

Sie waren gleichberechtigte Bürger der CSR, und nur eine der «deutschen» Parteien der Republik nannte sich «sudetendeutsch». Es gab auch «deutsche» Sozialdemokraten in der Tschechoslowakei. Es gab auch gleichberechtigte Tschechoslowaken mosaischer Konfession (meine Großeltern mit vier Kindern und zehn Enkelkindern zum Beispiel).

Die Herren Chamberlain und Daladier haben Hitler in München der Entspannung zuliebe die deutschen Randgebiete der Tschechoslowakei geopfert und damit die Republik und ganz Mitteleuropa verstümmelt. Sie haben in ihrer gottverlassenen dilettantischen Ahnungs- und

Phantasielosigkeit und Uninformiertheit unter anderem ignoriert, daß in diesen Gebieten nicht nur Freunde des Dritten Reichs wohnten. Meine Tante Fanni, meine Tante Karla, meine Tante Regi, Schwestern meines Vaters mit ihren Söhnen und Töchtern und Schwiegerkindern mußten eilig Haus und Hab und Gut im Grenzgebiet verlassen und lebten fortan als Flüchtlinge in der Rumpftschechoslowakei.

Als dann der Krieg zu Ende war ..., aber das habe ich schon erzählt.

(Ich möchte nur eins noch dazu sagen: Es wäre sehr angebracht, wenn die großen, beliebten Familienromane und Fernsehserien nicht immer nur von britischen Patriziern und amerikanischen Südstaatlern handelten. Horst Bienek hat mit seiner Oberschlesien-Roman-Reihe einen sehr dankenswerten Anfang gemacht. Ich empfehle Romanciers die Schicksale der Familie Weigel aus Eisenstein.)

Es ist ein beliebter Brauch, sich über die «Sudetendeutschen» in der Bundesrepublik erhaben zu fühlen. Ich habe Respekt und Mitleid.

Ich habe meine Heimat, die ich verloren hatte, wiedergefunden. Sie nicht.

Sie schließen sich in Landsmannschaften zusammen. Ich wäre bei ihnen, wenn ich nicht aus Wien wäre, sondern aus Trautenau, Teplitz oder Karlsbad.

Die Bundesrepublik Deutschland ist gut zu ihnen wie zu vielen anderen Vertriebenen und Geflohenen auch. Das tut mir – dem Ex-Vertriebenen – wohl. Das ist eine Leistung, für die man die Bundesrepublik Deutschland ehren und belohnen sollte!

Vor einigen Monaten gab es ein Treffen der Sudetendeutschen (die ich gern anders nennen möchte, die sich anders nennen sollten) in Wien. Von Moskau aus wurde protestiert: Revanchisten, Faschisten.

Da sagte Dr. Bruno Kreisky, ein Ex-Vertriebener wie ich, heute Bundeskanzler der Republik Österreich, im Radio: Das sind ordentliche Leute. Ich kenne sie. Mein Vater war von dort.

Also nicht nur meine, sondern auch seine Blickrichtung.

Das Gegenbeispiel

Maria, meine weitschichtige Cousine, unwesentlich jünger als ich, durch ihre Mutter und ihren Vater mit wesentlichen Wiener Milieus der Musik, der Kunst, der Literatur verbunden, Psychologin, Soziologin, Pädagogin, Autorin wichtiger Publikationen, Vortragende, verheiratet mit meinem besten Freund, einem bedeutenden Arzt, beide leider in Chicago, kam in den fünfziger Jahren erstmals nach Europa. Ihr Mann blieb in der Schweiz, sie wagte die Wiederbegegnung als erste, sozusagen als Spähtrupp. Seither sind beide mindestens einmal jährlich wieder hier, vorwiegend in Wien und im Stubaital.

Als sie zum erstenmal Wien wiedersah, hatte sie ihre Teenager-Tochter mit. Wir saßen im Wiener Volksgarten.

Sie sagte zu ihrer Tochter in englischer Sprache:

«Hier hat deine Mutter als Kind gespielt. Und sie hätte es sich damals nicht vorstellen können, daß sie das einmal ihrer Tochter auf Englisch wird sagen müssen.»

Ein besonders depressiver Kafka

Als ich einem Freund, der die Bundesrepublik viel besser kennt als ich, sagte: «Es gibt eine Möglichkeit, Köln zu mögen», war er sehr neugierig.

«Und zwar?» fragte er.

«Daß man aus Düsseldorf nach Köln kommt.»

Er stimmte zu und meinte dann: «Es gibt sogar eine Möglichkeit, Frankfurt am Main zu mögen.»

Da war wieder ich sehr neugierig.

«Und zwar?» fragte ich.

«Daß man aus Frankfurt an der Oder kommt.»

Frankfurt an der Oder kenne ich nicht.

Frankfurt am Main kenne ich.

Was mit dieser Stadt passiert ist, weiß ich nicht. Es würde mich sehr interessieren.

Das muß doch einmal eine angenehme Stadt gewesen sein. Was ist in sie gefahren? Oder aus ihr heraus? Ich wüßte es gern.

Der Römer, der Main, der Goethe-Preis, die National-versammlung, die Paulskirche, die Museumskonzerte, das Städel, das war doch was, oder? Und Goethe. Merkwürdig, daß ich's immer wieder vergesse: Goethe wurde hier geboren.

Frankfurt war im vorigen Jahrhundert die kurzfristige Wiege der deutschen Demokratie.

Bei der ersten Gründung einer deutschen Republik war Weimar dran.

Diesmal war's hart auf hart: Frankfurt kontra Bonn. Beethoven siegte nach Punkten.

Bonn bietet vom Rhein her einen hübschen Anblick. Irgend einmal wird ganz gewiß eine Stadt aus Bonn werden. Bis dahin ist Bonn nur Hauptstadt.

Es ist eine bewegende Geste, daß man diese unmöglichste aller Nichtstädte ausgesucht hat, Vichy am Rhein, weniger Beethoven zuliebe als: um Berlin nicht zu kränken. Nur Provisorium. In der Mitte des kommenden Jahrhunderts wird die deutsche Bundespost eine Sondermarke herausbringen: «Bonn – hundert Jahre Provisorium».

«Nächstes Jahr in Jerusalem!» sagten die gläubigen Juden, die Jerusalem verloren hatten. Sie mußten es fast zweitausend Jahre lang sagen. Sie glaubten und glaubten. Und jetzt haben sie Jerusalem.

«Nächstes Jahr in Berlin!» – wer wagt es auch nur zu denken?

Ist es die Enttäuschung, der Unmut, daß sie doch nicht Hauptstadt geworden sind? Was ist mit Frankfurt los? Was hat sich in Frankfurt hineingefressen?

Wenn ich dort bin – und ich bin oft dort, wer von uns ist nicht oft dort? –, meine ich manchmal: Die Frankfurter hadern mit sich, weil sie Frankfurter sind. Und wenn einer mit sich hadert, dann hadert er auch vor sich hin. Und dann hadern andere hinter ihm her.

Es gibt auch andere Städte, die mehr nach USA als nach BRD aussehen. Warum kann man sich gerade mit Frankfurt so schwer anfreunden?

Auf nach Frankfurt an der Oder! Um Frankfurt am Main zu mögen.

Dabei, wenn ich nachdenke: Ein sehr angenehmes erstrangiges Hotel, gleichrangigen Häusern in München und Hamburg ebenbürtig, ein Hotelportier alten Stils, der Gäste nach Jahren wiedererkennt ... einmal, im Dezember, ein Weihnachtsmarkt mit viel Stimmung, geradezu anheimelnd ... und immerhin Goethe, dessen Geburtsort Frankfurt, wenn auch widerwillig, auch noch nach dem Zweiten Weltkrieg geblieben ist.

Als ich zum erstenmal dort war – vor dem Krieg kannte ich Frankfurt leider nicht –, ging ich mit dem verehrungswürdigen Lothar Müthel durch die Stadt. Das Goethe-Denkmal war verhüllt. Ich fragte Lothar Müthel, warum. «Weil Zuckmayer den Goethe-Preis bekommen hat», sagte er.

Vielleicht ist's das: Niemand, der dort arbeitet und kein Eingeborener ist, ist gern dort. Niemand, der dort zu tun hat, fährt gern hin.

Sind die Frankfurter deshalb so, weil sie das merken? Oder sind die Nichtfrankfurter so geworden, weil sie spüren, daß die Frankfurter so sind?

Über München schimpfen die dort Wohnhaften auch, aber so, wie Eheleute aufeinander schimpfen. Über Frankfurt schimpfen die dort Wohnhaften so wie Angestellte über einen bösen Chef.

Man müßte um Frankfurts willen Leute mit Leuten versöhnen. Aber wie? Und wen?

Wenn man in München ein Hotelzimmer will, ist entweder Oktoberfest oder Damenoberbekleidungswoche, und man bekommt keins. In Frankfurt ist immer eine Messe. Und man bekommt nicht einmal ein Hotelzimmer für nächstes Jahr um diese Zeit.

Manchmal tut Frankfurt mir leid. Aber nie sehr lange.

Ich stelle mir vor, wie jemandem, der das Deutsche und die Deutschen nicht so gern hat wie ich immer noch, hier zumute sein muß.

Der neue Flughafen kann's nicht sein. Denn das alles war schon, ehe er war.

Aber er trägt sein gerüttelt Maß bei. Das schon.

Wenn ich an den neuen Berliner Flughafen Tegel denke... Seltsam, daß Berlin den angenehmsten, sympathischesten Flughafen hat und Frankfurt, wie mir scheint, das Gegenteil.

Von einem Rundgang auf einer Frankfurter Messe wird man nicht so müde wie vom Umsteigen auf dem Frankfurter Flughafen.

Er ist sehr übersichtlich. Aber man findet nichts. Er ist das Gegenteil von «konzentriert». Er ist zum kleinen Teil mit Schriftzeichen und zum größeren Teil mit Hieroglyphen beschildert.

(Man müßte einen neuzeitlichen Stein von Rosette bei sich tragen, um die Übersetzung der Bilderschrift in faßbare Angaben zu lernen.)

Wenn man endlich ergrübelt hat, welches Bildlein «Auskunft» bedeutet, und dann endlich den betreffenden Schalter gefunden hat, sitzt niemand dort.

Ankommen ist hier relativ ungefährlich. Abfliegen ist schon mühseliger. Umsteigen wird zum riskanten Abenteuer.

Wenn ich von Stuttgart nach Hamburg fliegen muß, frage ich zunächst, ob es denn keine Möglichkeit über Basel oder Brüssel gibt.

Als ich dort, als der neue Flughafen neu war, zum erstenmal umsteigen mußte, hatte ich etwa eine halbe Stunde Spielraum. Ich versäumte das Anschlußflugzeug. Ich war einer von vielen, die spätabends frustriert und fatalistisch durch die ausgedehnten Gänge pilgernd irrten.

Ich nahm ein Taxi, ließ mich in die Stadt fahren. Ich hatte reichlich Zeit, mit dem Chauffeur zu plaudern. Denn wir mußten von Hotel zu Hotel fahren, ehe ich ein Zimmer bekam.

Er erzählte mir, daß sie sich beim Programmieren der Leuchtschrifttafeln, die Zeit und Standort der abfliegenden Maschinen anzeigen, verprogrammiert hätten. Sie suchten den Fehler. Ein halbes Jahr würde es vermutlich dauern, sagte der Taxilenker, bis die Leuchtschrift wirklich leuchtet.

Seither hat sie zu leuchten begonnen. Man weiß, wohin man soll, aber man ermüdet so sehr.

Ich schrieb einen wahrheitsgetreuen Bericht über mein Frankfurter Flughafenabenteuer und veröffentlichte ihn in Österreich und in der Schweiz.

Die Flughafenverwaltung schickte mir daraufhin ein

großes buntes Buch, sozusagen als Berichtigung. Auf den Blättern dieses Buches funktionierten alle Einrichtungen, die in Frankfurt nicht funktioniert hatten.

Hier kann Goethe nicht zur Welt gekommen sein, denke ich beim Ankommen, Abfliegen und vor allem beim Umsteigen auf dem Frankfurter Flughafen.

Jetzt, da ich diese Zeilen schreibe, eine sommerlich helle, freundliche Landschaft vor meinem Fenster, jetzt, da ich mich zu ihm hindenken möchte, kann ich nicht glauben, daß es ihn gibt. Ich argwöhne, daß er gar nicht wirklich existiert, sondern daß er von Franz Kafka ersonnen ist, allerdings von einem im Augenblick des Ersinnens besonders depressiven Franz Kafka.

Wer von dieser Depressivität ergriffen wurde, soll sich für einen Augenblick losreißen, indem er sich vom Flughafengebäude zu dem Gebäude des Hessischen Rundfunks begibt. Ich kann ihm einen heiteren Augenblick in Aussicht stellen, und wenn ich wieder literarisch vergleichen darf: dieses Gebäude ist weniger von Kafka als irgendwo zwischen Mark Twain und Kishon (deutsch von Torberg) angesiedelt.

Als nämlich die Stadt Frankfurt als Hauptstadt noch im Rennen war, wollte sie, so erzählte man mir glaubwürdig, eine vollendete Tatsache schaffen und begann den Bau eines repräsentativen Großhauses, das, so erzählte man mir, das künftige Bundeshaus hätte werden sollen.

Die großen, imposanten, wenn auch unschönen Säulen sind zu besichtigen, wenn man das Rundfunkhaus betritt.

Zu einem Rundfunkhaus passen sie durchaus nicht. Als sie schon da standen, war das Projekt, aus Frankfurt die Hauptstadt zu machen, gescheitert, und man baute anschließend an die Halle, die nicht zu einem Rundfunkhaus paßt, ein Rundfunkhaus, das nicht zu der Halle paßt.

Nachdem man diesen angekündigten Augenblick Twain-Kishon-Torbergscher Heiterkeit erlebt hat, verlasse man das Rundfunkhaus; denn sonst kehrt man doch wieder bei Franz Kafka ein.

Das Rundfunkhaus ist groß und weit. Ich war einst so kühn, eine bestimmte Abteilung aufsuchen zu wollen. Der Portier wies mich in das betreffende Stockwerk. Ich fuhr mit dem Aufzug aufwärts, ich wollte das gesuchte Büro finden, ich schritt durch menschenleere Gänge, ich sah Namen an den Türen.

Alles war still. Ich wähnte mich an einem Sonntag oder Feiertag, ich wurde unruhig und ängstlich.

Ich legte das Ohr an eine Türe und hörte gottseidank das Gemurmel menschlicher Stimmen. Ich atmete auf. Hinter all diesen Türen arbeiteten Menschen an der Verwaltung des Senders.

Da fiel mir die klassische Odol-Geschichte ein, die vor Urzeiten zu Beginn unseres Jahrhunderts viele spätere Entwicklungen vorweggenommen hat.

Jemand besichtigt die Zentrale der Odol-Werke, die sich einst mit besonders intensiven Werbeaktionen der Öffentlichkeit empfohlen haben. Man führt ihn durch viele Stockwerke, man zeigt ihm die Direktion, die Buchhaltung, die Werbeabteilung, die Vertriebsabteilung, die Hausdrucke-

rei, die graphische Abteilung, die Kantine, die Sanitäts-
abteilung.

Nach einer anstrengenden Führung und anschließender
Erfrischung will der Gast das Werk verlassen. Unmittelbar am Ausgang sieht er eine kleine unscheinbare Baracke.

«Was ist das?» fragt er.

Und sein Führer sagt: «Irgendwo muß das Odol ja auch
erzeugt werden.»

Der aufmerksame Leser hat die Analogie gewiß mitbe-
kommen.

Irgendwo muß ja in einem Sender auch gesendet werden.

Ja, ganz gewiß, ich kann aus eigener Erfahrung als glaub-
würdiger Zeuge bindend versichern, daß ich ein Aufnahmestudio mit eigenen Augen gesehen habe. Die dortselbst wirkenden Damen und Herren waren relativ zahl-
reich, so daß sie allen Anfechtungen, sich einsam zu fühlen, erfolgreich zu widerstehen vermochten.

Man berichtet mir, daß dies nicht das einzige Aufnahmestudio in dem großen und weitläufigen, durch Zubauten
mehrfach erweiterten Haus sei.

Wie weitläufig der Bau war, merkte ich, als ich gegen
Mittag in der vorgeschriebenen Pause die Kantine zu erreichen versuchte. Ich ging und ging und ging, öffnete
gelegentlich Bürotüren, um mich weiterzufragen, denn die
Gänge waren nach wie vor menschenleer. Die endlich erreichte Kantine, überraschenderweise von zahlreichen
Menschen bevölkert, wirkte auf mich wie die endlich erreichte Schutzhütte auf den Wanderer durch neblige Ge-
birgslandschaft.

Für den Rückweg in das Aufnahmestudio konnte ich einen Ortskundigen als Führer dingen.

Man riet mir in der Kantine, dortselbst die Toilette aufzusuchen. Denn vom Aufnahmestudio aus hätten sich schon viele auf den Weg gemacht, und nicht alle seien wiedergekehrt.

Ich erkundigte mich, ehe ich das Haus verließ, beim Portier: «Ist's immer so?»

Ich erfuhr, daß es immer so sei. Außer: «... morgens oder abends müssen Sie kommen! Da gehen Hunderte aus und ein!»

Sie versickern, nachdem sie gekommen sind. Sie arbeiten, verwalten, registrieren, berechnen, legen Tabellen an, ergänzen das statistische Material. Sie telephonieren häufig, miteinander und mit der Außenwelt. Sie kennen den Weg in die Kantine und auch den geheimnisvollen Pfad zu den ferngelegenen Toiletten.

Einander kennen sie nur in Ausnahmefällen.

Und vermutlich ist das alles doch nicht von Kafka, und von Twain-Kishon-Torberg schon gar nicht, sondern von Orwell.

Der rückwirkende Kurfürst

Es gibt immer wieder – jeder hat Erfahrungen dieser Art gemacht – ungleiche Geschwister. Eine bildhübsche Schwester und eine zweite, unhübsche, recht reizlose, bei der man sich fragt: Was ist mit ihr los?

Ich denke dabei an Wiesbaden und Frankfurt, die ungleichen Schwesterstädte.

Wenn man Wiesbaden kennt, hat man's mit Frankfurt noch schwerer.

Wiesbaden ist eine bildhübsche Stadt in großer Nähe von Frankfurt. Wiesbaden vereinigt die Qualitäten einer angenehm mittelgroßen Stadt mit denen des Kurorts. Es ist hier nicht wie in den meisten Badeorten, die sich mit allen ihren Institutionen auf den einen Zweck hin orientieren: Kurärzte, Kurpark, Kurorchester, Kurapotheken, Kurtheater, Kurjuweliere, Kurschuhhäuser, Kurbuchhandlungen, Kurtaxen.

Man kann hier zwar im Untergeschoß des Hotels heilsam baden, massiert werden, aber man kann hier auch jenseits der Medizin sein Leben leben, genießen. Versuchen Sie das in Baden-Baden, in Bad Wörrishofen!

Wiesbaden ist eine selbstbewußte Stadt; das erkennt man daran, daß der Hauptbahnhof ein sogenannter Sackbahnhof ist. Man kann nicht durchfahren, man fährt ein und in entgegengesetzter Richtung aus, was weder in Köln noch in Düsseldorf und nicht einmal in Hannover geschehen muß.

Der Rhein, der Rhein, der deutsche Rhein, der bis in die Gegend von Karlsruhe Deutschlands Grenze war, ist bei Wiesbaden längst Deutschlands Strom geworden, aber noch nicht in die klassische Phase des Rheins, des Rheins, des deutschen Rheins eingetreten, in die Ansichtskarte, die etwa bei Koblenz beginnt und bis Köln dauert, die zwischen Bingen und Bonn den äußersten Grad der Abnützung erreicht.

Wie war ich aufgeregt, als ich mich zum erstenmal dem Rhein näherte, ehe er dann endlich da war, mit all den Details, die man von Bildern kannte, mit all den Namen, die man so oft gehört und gelesen hatte. Wie war ich neugierig auf die optische Einlösung des sagenumwobenen Renommés.

Und dann fuhr ich immer wieder entlang, bald rechts, bald links, er wurde zur Gewohnheit.

Er kommt mir in seiner populären Phase vor wie eine edle Melodie, die vom Rundfunk oder Fernsehen als Kennmelodie verwendet wird und die man kaum mehr hören kann.

Wenn man mich gefragt hätte: Ich hätte ihn nicht mit nationaler Bedeutsamkeit und Symbolträchtigkeit angereichert. Der Rhein, der Rhein, der deutsche Rhein kommt aus der Schweiz und mündet in Holland. Das ist eher paneuropäisch als wilhelminisch. Auch die Donau ist als österreichisches Symbol wenig passend, da sie aus der Bundesrepublik Deutschland importiert ist und hinten weit im Osten endet.

Man sollte als deutschen Strom die imposante und angenehme Weser, die Weser, die deutsche Weser aufwerten, oder, um den bereits so intensiv ins Ohr gegangenen Reim, den Reim, den deutschen Reim zu retten, statt des Rheins den Main, den Main, den deutschen Main.

Ich habe nichts gegen den Rhein, an keinem Punkt seiner deutschen Fließarbeit. Aber besonders gern sehe ich ihn bei Köln und von da an flußabwärts. Da ist er ein erwachsener Strom geworden, man kann ihm stundenlang beim Dahinfließen zuschauen, wie man mit Gewinn in ein scheinbar gleichbleibendes und doch sehr in sich bewegtes Kaminfeuer schaut.

Köln liegt eindeutig und unwidersprechbar am Rhein. Nicht so Düsseldorf. Da liegt eher der Rhein an Düsseldorf.

Das Tragische an dieser Stadt ist die letzte Silbe ihres Namens. Sie fordert zu bewußter und unbewußter Überkompensation heraus. Düssel muß sich und der Welt immer wieder aufs neue beweisen, daß es kein Dorf ist. Ach, wenn es hier doch wenigstens eine Kathedrale gäbe, ein Zeughaus, eine Burg, eine Residenz, was weiß ich – aber es gibt nur eine Altstadt, die alt und sonst nichts ist, nichts, was es nur hier geben kann, was einem fehlen würde, wenn es nicht da wäre, woran man die Stadt erkennt, kein Wahrzeichen, nichts Ehrwürdiges; dabei wurde Heinrich Heine hier geboren, es muß also schon damals an dieser

Stelle eine Stadt gegeben haben. Und kleiner ist Düsseldorf seither gewiß nicht geworden.

Düsseldorf, erzählt man mir immer wieder, ist die Kassa des Rhein-Ruhr-Industriegebiets, das lukrativ, aber häßlich ist. Düsseldorf soll durch äußere und innere städtische Annehmlichkeiten ausgleichen, was die Industriestädte sündigen. Na, gar so schön ist Düsseldorf auch wieder nicht.

Und die Industriestädte?

Einige kenne ich. Essen finde ich gar nicht so häßlich, ebensowenig Wuppertal – dort besteht eine Art landschaftlicher Romantik. Bochum aber ist keine Stadt, sondern viele Gebäude.

Der Intendant des dortigen, vortrefflichen und angenehm gestalteten Theaters, Erich Schalla, sagte einmal zu mir: «Wissen Sie: ich probe gern von morgens bis kurz vor dem Beginn der Abendvorstellung. Drum bin ich gern in Bochum. Was sollen die Schauspieler hier in Bochum sonst tun?»

Düsseldorf ist natürlich appetitlicher. Aber das Klima! Daß es einen blauen Himmel gibt, wissen die Düsseldorfer, wenn sie nicht weitgereist sind, nur vom Hörensagen. Der Föhn in München, in Innsbruck, in Zürich ist eine arge Strafe Gottes (wofür wohl?) – aber überall dort seufzt und stöhnt man wenigstens seinethalben. Den Düsseldorfer Dunstalltag nimmt man hin, man nimmt ihn stumm auf sich.

Wo die Gebirgigkeit geendet und die Heide noch nicht begonnen hat, ist Deutschland hier der landschaftlichen

Reize bar. Eine gestaltlose Ebene ohne alle Attribute des Idyllischen: Holland ohne Küste, Grachten und Tulpen.

Und ich glaube zu wissen, was mir an Düsseldorf fehlt: Die Residenz, sei sie auch nur Sitz eines Kirchenfürsten gewesen. Wie städtisch ist zum Beispiel auch nur Mannheim – zwar eine geometrisch gestaltete Innenstadt, ein Architektur gewordenes Reißbrett, rechtwinkelig, pedantisch, mit Straßennamen, die aus Buchstaben und Ziffern bestehen, ja, aber da ist immerhin das Schloß, durch Ungunst der Planer etwas zu tief unten, keine rechte Sicht bietend, wie sie dem Schloß zukommt, aber eben ein Schloß. Denn hier residierte der Großherzog. Schlösser und Kirchen, original alt, die zeigen, daß sich hier schon seinerzeit um die Stadt und ihre Bürger gekümmert wurde, daß hier irgendein Oberhaupt den Drang verspürte, sich für die Mitwelt und die Nachwelt zu verewigen, eine Spur von seinen Erdentagen zu hinterlassen, siehe Weimar, siehe Gera, siehe vor allem auch Kassel mit den Zeugnissen kurfürstlichen Selbstbewußtseins, mit dem großzügigen Park auf der Wilhelmshöhe.

Das einzige, was Düsseldorf gut täte, kann nicht einmal Düsseldorf aus dem Boden stampfen: einen rückwirkenden Kurfürsten, der vor soundsovielen hundert Jahren eine Residenz aus Düsseldorf gemacht hat.

Köln und Düsseldorf kommen mir in ihrer Relation vor wie Salzburg und Linz. (Stadt mit Erzbischof – Stadt ohne.)

Es kann natürlich sein, daß meine Sympathien für Städte von meinem dortigen Wohlergehen mitbestimmt sind, daß es mir irgendwo gut geschah und ich daher zum Schwärmen tendiere und umgekehrt. (Darüber mehr apropos Hannover.)

In Kassel lebt eine verehrte Kollegin und Freundin, in Wiesbaden ein verehrter Kollege und Freund ..., aber da müßte ich ja auch Frankfurt lieben, um Lothar Müthels willen im Imperfekt und um Marcel Reich-Ranickis willen im Präsens.

Es ist heikel, einen Redakteur und Kritiker zu lobpreisen, besonders dann, wenn man an seiner literarischen Rubrik als Rezensent mitarbeitet. Das sieht nach plumper Schmeichelei aus, ich weiß. Aber ich will und muß es riskieren. So wenige tun's, und er verdient's. Ich habe ihm zu Ehren und als Test getan, was wenige an meiner Stelle getan hätten. Ich habe ohne jede äußere Veranlassung einen umfangreichen Roman gelesen. Ich habe gewußt, daß Marcel Reich-Ranicki sich schon sehr oft kritisch über den Autor des Romans geäußert hatte, so daß man in dessen Beisein nicht wagen durfte, «Marcel» zu sagen, nicht einmal «reich» oder «Reich», geschweige denn «Ranicki». Als das neueste Werk dieses Romanciers da war, las ich es aufmerksam und gewissenhaft (sechshundert Seiten!) und bildete mir ein Urteil.

Dann erschien die Kritik von Marcel Reich-Ranicki. Ich mußte sie mit Zustimmung zur Kenntnis nehmen. Ich fand sie kompetent, getragen von genauer Kenntnis dessen, worüber geurteilt wurde, nicht unsachlich, nicht voreingenommen, nicht übelwollend. Sie stimmte, fand ich.

(Wäre ich nicht seiner Meinung gewesen, hätte das natürlich nicht gegen ihn gesprochen! Aber die Verwandtschaft der Meinungen sprach in meinen Augen für ihn.)

Als Kritiker, dem man oft Ähnliches vorwarf und vorwirft wie ihm, kann ich kein Buch über Deutschland schreiben, ohne Marcel Reich-Ranicki meine Reverenz zu erweisen. «Die deutsche Literatur ist nämlich eine viel zu wichtige Sache, als daß man sie den deutschen Schriftstellern überlassen könnte», hat er neulich geschrieben. Goldene Worte! Ich senke meinen Degen in Ehrfurcht vor dem seinen, dem unsere literarische Gegenwart so viele Impulse verdankt.

(Und wenn man glaubt, die Apostrophierung werde mir bei ihm nützen, irrt man. «Damit es nicht so aussieht, als ob ...» – die Quelle so vieler Haltungen und Aktionen wird auch diesmal ihr Werk tun. Er wird etwas gegen mich unternehmen, «damit es nicht so aussieht, als» hätte ich seine Benevolentia captiviert.)

Und so bin ich also wieder ins Literarische geraten. Und weil's von Düsseldorf ausging, will ich meinen gesenkten Degen wieder heben und sorgfältig blankputzen und ...

Ja, natürlich, jetzt haut er auf den Heine hin, weil der Karl Kraus auch ...

Nein, bitte, nicht deshalb. Wenn ich auch annähernd gleiche Einwände habe – annähernd, sage ich. Karl Kraus macht Heine dafür verantwortlich, daß er «der deutschen Sprache so sehr das Mieder gelockert hat, daß heute alle Kommis an ihren Brüsten fingern können». Also für den

Journalismus. Ich glaube nicht, daß Heines Prosa und Lyrik aus der deutschen Sprache etwas gemacht haben, was ohne Heine nicht aus ihr geworden wäre.

Ich mache Heine für nichts verantwortlich als für seine eigene unausstehliche Prosa und Lyrik, finde mit Karl Kraus unerträglich an ihm «den kleinen Witz der kleinen Melancholie, dem der ausgeleierte Vers so flink auf die Füße hilft».

Ich habe gelegentlich nach seiner Prosa gegriffen und wollte mich eines Besseren belehren lassen; aber wenn ich zum Beispiel bei der Arbeit an einem Text über Tirol Heines Tiroler Eindrücke konsultierte, fand ich nur Oberflächlichkeit und Egozentrik.

Worüber immer er schreibt, schreibt er über sich. Und so interessant ist er nicht.

Er spielt das Enfant terrible, er produziert Bonmots, wo sie deplaciert sind.

Wenn er den Tannhäuser im Volkston von Frau Venus Abschied nehmen und vergebens nach Rom pilgern läßt, denkt der Leser erfreut: Na also! Und zu seiner positiven Laune trägt's wohl bei, daß der Judenfresser Wagner sich just von Heine zum «Tannhäuser» und zum «Fliegenden Holländer» hat anregen lassen.

Dann aber liest er weiter und kommt zu Tannhäusers Bericht nach der Rückkehr zu Frau Venus: «Und als ich auf dem St. Gotthard stand, da hört ich Deutschland schnarchen, es schlief da unten in sanfter Hut von sechsunddreißig Monarchen, in Schwaben fand ich die Dichterschul', gar liebe Geschöpfchen und Tröpfchen! Auf kleinen Kackstühlchen saßen sie dort, Fallhütchen auf den Köpfchen …»

Man sagt, daß die späten Gedichte im «Romanzero» reiner, geläutert, gehaltvoller sind als das frühe Geklingel im «Buch der Lieder» – Irrtum! Das ist genau so gewissenlos hingeplappert wie fast alles von Heine. In der «Disputation» treten Christ und Jude zum Streitgespräch an, «Kapuziner und Rabbiner» heißt es in der dritten Strophe, aber das ist nur um des Reimes willen so gesagt, und drei Strophen später ist der christliche Gesprächspartner bereits «Gardian der Franziskaner».

Mit ekelerregender Leichtigkeit plätschert das große Gespräch vor sich hin. In des katholischen Eiferers Schimpfrede ist jedes Wort «ein Nachttopf und kein leerer» – und nachdem Witzelei und Blasphemie bis zur Erschöpfung strapaziert wurden, fragt der König die Königin nach ihrer Meinung, natürlich eine «schöne Königin», und sie sagt – mit diesem Vierzeiler verabschiedet sich der gereifte Lyriker Heinrich Heine von seiner Leserschaft: «Welcher recht hat, weiß ich nicht – doch es will mich schier bedünken, daß der Rabbi und der Mönch, daß sie alle beiden stinken.»

Nicht nur der Reim ist unrein; Heine ist kein Mentor, sondern ein Exkrementor. Sein Œuvre ist eine Anhäufung von Entgleisungen. Es wirkt auf mich wie eine Anthologie pubertativer gymnasialer Verse – gewiß hochbegabt, aber mit ganz wenigen Ausnahmen ein Leben lang in der Pubertät steckengeblieben, nie wirklich erwachsen geworden.

Ganz selten gelingt ihm ein Gedicht ganz und gar, etwa

«Die Ratten» oder die makellosen acht Zeilen «Der Tod, das ist die kühle Nacht»: da ist auf das übliche klingelnde Reimschema verzichtet, da ist nicht schwarz auf weiß gesagt, was gemeint ist, da steht viel zwischen den Zeilen – das darf ein Lied geworden sein.

Sonst jedoch ... ich bin dem Heine so böse, weil ich über Franz Schubert so traurig bin; der ganz zuletzt Heine-Verse in die Hand bekommen und so herrlich schöne Lieder auf derart beiläufige präfabrizierte Texte gemacht hat («Das Meer», «Die Stadt»).

Darüber, daß ihm ein deutsches Volkslied geglückt ist, mag man schmunzeln, weil dadurch antisemitische Glaubenslehren ad absurdum geführt wurden. Aber was für ein blöder Text ist das doch!

Ich weiß nicht, was soll es bedeuten,
Daß ich so traurig bin;
Ein Märchen aus uralten Zeiten,
Das kommt mir nicht aus dem Sinn.

Die Luft ist kühl und es dunkelt,
Und ruhig fließt der Rhein;
Der Gipfel des Berges funkelt
Im Abendsonnenschein.

Die schönste Jungfrau sitzet
Dort oben wunderbar,
Ihr goldnes Geschmeide blitzet,
Sie kämmt ihr goldenes Haar.

Sie kämmt es mit goldenem Kamme
Und singt ein Lied dabei;
Das hat eine wundersame,
Gewaltige Melodei.

Den Schiffer im kleinen Schiffe
Ergreift es mit wildem Weh;
Er schaut nicht die Felsenriffe,
Er schaut nur hinauf in die Höh'.

Ich glaube, die Wellen verschlingen
Am Ende Schiffer und Kahn;
Und das hat mit ihrem Singen
Die Lorelei getan.

Er weiß nicht, was soll es bedeuten, daß er so traurig
ist – und in den nächsten beiden Zeilen sagt er's.

Und die Frage nach dem Bedeuten ist nicht am Platz,
denn traurig ist man oder ist man nicht, aus diesem oder
jenem Grund, zum Beispiel weil einem ein trauriges Märchen einfällt, aber man fragt, warum man traurig ist, und
nicht, was es bedeuten soll, daß man traurig ist.

Und ist's ein Märchen? Nicht eher eine Sage oder Legende?

In der zweiten Strophe funkelt der Gipfel des Berges. In
der anschließenden Strophe sitzet die schönste Jungfrau
«dort oben». Wir wissen vom Vorüberfahren, daß sie auf
einem Felsen sitzt, warum werden wir getäuscht?

Der Schiffer «schaut» nicht die Felsenriffe nicht. «Schauen»
bedeutet «mit Absicht hinsehen», er schaut äußerstenfalls

nicht «auf» die Riffe, er sieht sie nicht, denn er schaut in die Höh', nein, pardon, «hinauf in die Höh'». Doppelt gemoppelt, Füllsilben!

Und was ist das für ein flauer Schluß! «Ich glaube», weich und verwaschen, dieses «ich glaube», und dann dieses «am Ende»; der Schiffer im kleinen Schiffe treibt doch mit einiger Geschwindigkeit rheinabwärts, und wenn er schon nicht die Felsenriffe, sondern hinauf in die Höh' schaut, auf die wunderbar sitzende schönste Jungfrau, deren goldnes ohne «e» Geschmeide blitzet und die mit goldenem mit «e» Kamme ihr goldenes mit «e» Haar kämmt (womit sonst als mit einem Kamm sollte sie kämmen?) und ein Lied dabei singt – «dabei» ist nicht sehr stark –, dann werden ihn und den Kahn die Wellen nicht am Ende verschlingen, sondern längst verschlungen haben, gleich nachdem «es» ihn «mit wildem Weh» ergriffen hat; und wenn die Lorelei «das» mit ihrem Singen getan hat, daß die Wellen Schiffer und Kahn verschlingen, dann möchte ich vom Dichter nicht nur hören, daß es sich um eine «wundersame, gewaltige Melodei» handelt, sondern ich will um der poetischen Redlichkeit willen den Schiffer nicht nur schauen, sondern auch horchen lassen.

Manchmal, ganz selten, erwacht in mir der Schulmeister. Ein deutscher Autor kommt zu mir, zeigt mir ein Gedicht. Ich runzle die Stirn. Er weiß nicht, was das bedeuten soll. Ich erkläre es ihm. Er fragt, wie er's hätte anders und besser schreiben sollen. Ich improvisiere.

Längst weiß ich, warum ich ohn Ende
So namenlos traurig bin,
Ist's Sage, ist es Legende?
Es will mir nicht aus dem Sinn.

Die Luft ist kühl, und es dunkelt,
Und ruhig fließt der Rhein;
Die Spitze des Felsens funkelt
Im Abendsonnenschein.

Hoch oben die Jungfrau sitzet
So schön, so wunderbar,
Ihre goldene Kette blitzet,
Sie kämmt ihr goldblondes Haar.

Das gleißende Haar knistert leise,
Die Jungfrau kämmt und singt;
Der Schiffer lauscht der Weise,
Die hold und zauberisch klingt.

Es ergreift ihn im kleinen Schiffe
Beim Hören und Sehen süßer Wahn;
Längst sieht er nicht die Riffe,
Er schaut zu der Schönen hinan.

Weh ihm, die Wellen verschlingen
Den Schiffer und seinen Kahn;
Und das hat mit ihrem Singen
Die Lorelei getan.

Auch nicht gut!

Kollektivmasochismus

Ein Psychiater war verzweifelt. Er sah, daß es so nicht mehr weiterging mit seiner Praxis. Er war derart überfordert, daß er am liebsten selbst zu einem Psychiater gegangen wäre, um seiner Verzweiflung Herr zu werden.

Er beschloß, augenblicklich Schluß zu machen. In seinem Wartezimmer stauten sich die Wartenden. Unter ihnen wollte er radikal die nicht dringenden, die dringenden und die ganz dringenden Fälle unterscheiden. Die nicht dringenden wollte er nach Hause schicken. Die dringenden wollte er auf den übernächsten Montag vertrösten. Nur die ganz dringenden wollte er jetzt drannehmen.

Er verordnete sich Rücksichtslosigkeit. Anders ging's nicht.

«Ich habe seit zwei Wochen nicht geschlafen», sagte der erste Patient.

«Kommen Sie am übernächsten Montag wieder.»

«Ich habe mein Gedächtnis verloren», sagte der zweite Patient.

«Gehen Sie nach Hause.»

«Ich muß immer wieder ohne jeden Anlaß weinen», sagte der dritte Patient.

«Gehen Sie nach Hause.»

«Ich habe Zwangsvorstellungen, deren ich nur Herr werde, wenn ich Homer in der Originalsprache rezitiere», sagte der vierte Patient.

«Kommen Sie am übernächsten Montag wieder.»

«Ich leide an zwanghaftem Lachen», sagte der fünfte Patient.

«Gehen Sie nach Hause.»

«Ich bin davon überzeugt, daß ich weiblichen Geschlechts bin, und kann ohne Büstenhalter nicht existieren», sagte der sechste Patient.

«Gehen Sie nach Hause.»

«Ich bin Lehrer in Hessen …», begann der siebente Patient.

«Kommen Sie!» sagte der Psychiater und führte den Patienten rücksichtsvoll und mitleidig in sein Sprechzimmer.

Das Furchtbarste an den hessischen Zuständen sind nicht die furchtbaren hessischen Zustände, sondern: daß Sozialdemokraten für sie verantwortlich sind, daß Sozialdemokraten sich immer wieder gegen die extreme Linke in ihrer Partei abgrenzen, daß sie bis zu Parteiausschlüssen solcher Kulturrevolutionäre gehen, aber eine ebenso extrem linke Kulturpolitik in Hessen tolerieren – daß, zweitens, die hessischen Greuel nicht in aller Munde sind, sondern ignoriert, nachsichtig hingenommen werden wie die Exzesse ähnlich gesinnter Theaterleute.

Man läßt gewähren. Es ist wie in gewissen Familien mit einem altersschwachen Großvater oder einem geistig behinderten Kind. Man muß nicht und will nicht isolieren, das ist überaus rühmenswert und soll anerkannt sein. Man ist liebevoll und geduldig. Wenn Besucher kommen, sind sie alsbald im Bild und «spielen mit». Man nimmt hin, man läßt gewähren, wenn das Kind oder der Alte in ein Gespräch hinein eine Melodie zu leiern oder sinnlose Sätze zu sagen anfängt, man geht rücksichtsvoll darüber hinweg.

Der englische König hatte einen Sprachfehler. Alle Diplomaten taten, als gäbe es diesen Sprachfehler nicht, Herr von Ribbentrop ausgenommen.

Als ich mich einmal mit einem Ehepaar in dessen Auto befand – der Mann, ein besonders kluger und kultivierter hoher Beamter, saß am Steuer, seine Frau, die ich vorher nicht gekannt hatte, schimpfte ununterbrochen in den rüdesten Tönen auf ihn ein, es ging bis an den Rand von Tätlichkeiten ihrerseits –, da nahm ich die Unerquicklichkeit hin, hörte weg, zog natürlich keine Konsequenzen. Uns allen ist es ähnlich gegangen angesichts von Ehepaaren solcher Art oder Kinder–Eltern-Höllen – einmal hab' ich's auch zwischen einem Arzt und seiner Ordinationshilfe erlebt – in diesem Fall waren auch Mißhandlungen inbegriffen –, doch das alles bleibt im privaten Bereich. Mancher und manche braucht das, so scheint es, aktiv oder passiv.

Bei Molière kommt ein Nachbar dazu, als ein Mann seine Frau verprügelt. Die Frau schreit kläglich.

Der Nachbar: Pfui, was soll denn das? So eine Gemeinheit! Verfluchter Kerl, der seine Frau derart schlägt!

Die Frau (geht auf den Nachbarn zu, gibt ihm eine Ohrfeige): Ich will aber, daß er mich schlägt.

Anders aber ist's, wenn Studenten die Professoren mißhandeln. Wer will das? Wer braucht das? Da werden nicht
Capricen der Seele befriedigt, da werden Rechtsnormen
verletzt, da werden die Grenzen privater Lüste und Süchte
weit überschritten.

Und doch walten Nachsicht, Rücksicht, Takt; man läßt
gewähren, man sieht hinweg.

Ich kenne einen hessischen Studienrat, einen geborenen
Pädagogen, beflügelt vom Erziehungs-Eros als Lebensinhalt. Er hatte nur eine Sehnsucht: die vorzeitige Pensio-
nierung. Er geriet in einen Zustand, der es dem gewissen-
haftesten Facharzt ermöglichte, Arbeitsunfähigkeit zu
konstatieren. Er wurde vorzeitig pensioniert und floh das
heimatliche Bundesland, um mit dem kargen Rest seiner
lädierten Nerven in Bayern durch Nichtmehrinhessensein
zu genesen.

Ich weiß nicht, ob die linken Reformatoren und Destruk-
toren des Lehrens ihre Aktivitäten forcieren, um eine neue
Generation von Linken heranzuziehen, oder ob sie einfach jenes Chaos schaffen wollen, das einer revolutionären
Situation förderlich ist.

Ich höre und lese gelegentlich, und nicht nur aus Hessen,
Berichte über die Schul- und Hochschulsituation in der
Bundesrepublik, und denk' ich an diese Seite Deutschlands in der Nacht, dann bin ich weißgott um den Schlaf
gebracht, und dies nicht durch die Empörung über jene,
die's tun, sondern über jene, die sie's tun lassen.

Ich hab' mich auf die Niederschrift dieses Buchs nicht
vorbereitet, ich habe nicht Quellen studiert, ich ziehe

keine Unterlagen herbei (außer gelegentlich eigene Texte, die ich früher veröffentlicht habe), ich habe keine informativen Gespräche geführt, ich verlasse mich auf mein Gedächtnis und schreibe nur, was ich zu wissen glaube, was ich meine, was ich gesehen, gehört, erlebt habe. Ich habe im Heine geblättert, gewiß, um die Orthographie und Interpunktion zu vergleichen. Ich werde auch bei Schiller und Wagner vermutlich nachschlagen. Aber sonst schreibe ich, wie der Verlag es wünschte: durchaus vor mich hin als Reporter meines Denkens.

Nur in dem Zusammenhang, bei dem ich eben angelangt bin, habe ich einige Zeitungsblätter gesammelt. Das eine hab' ich bei einem Berlin-Aufenthalt im November 1976 an mich genommen. Ein Bericht schildert, daß eine Sitzung des Akademischen Senats der Freien Universität von Studenten gesprengt wurde. Nicht so sehr der Inhalt hat mich fasziniert, sondern die Tatsache, daß sich der Bericht nicht auf der Titelseite, sondern auf Seite 13 der Tageszeitung befindet, und nicht etwa als Aufmacher, wie die Journalisten das nennen, oben, sondern auf der weniger interessanten unteren Seitenhälfte, eingerahmt von besser placierten Kommentaren und Berichten wie «Für Hertha BSC gibt es keine Extrawurst» und «Reitsport ist eine Domäne der Berlinerin geworden».

Solange derartige Berichte nicht auf der Titelseite stehen, solange das geplante Unrecht pflichtschuldig als Alltag vermerkt und gottbehüte nicht kritisiert wird, sondern hingenommen und vertuscht, nicht ebenso geahndet wie ein Taschendiebstahl und Verstöße gegen die Straßenverkehrsordnung, so lange ist man berechtigt, an der Zukunft von Geist und Wissenschaft und Kultur und Rechtsordnung in der nächsten Generation der Bundesrepublik zu zweifeln.

Ich will von den zahlreichen Dokumenten, die ich gesammelt und eben wieder durchgelesen habe, nun doch nur eines hier zitieren, nicht weil ich gleichfalls von falscher Rücksichtnahme geleitet bin, sondern weil ich lieber direkt als indirekt sage, was ich sagen will. Aber immerhin:

«Der hochschulpolitische Sprecher der Opposition legte am 14. Oktober 1976 eine Dokumentation vor, derzufolge seit der Verabschiedung des hessischen Universitätsgesetzes insgesamt fünfunddreißig Professoren aus hochschulpolitischer Verärgerung aus dem Landesdienst ausgeschieden sind.»

Das ist nur Hessen, ein vergleichsweise kleines Bundesland. Es gibt auch Berlin. Es gibt auch Bremen. Es gibt auch Bonn, Tübingen, Erlangen und viele andere Universitäten, Solidarität anarchistischer Professoren, Dozenten, Assistenten, Studenten, gelegentlich nicht nur von der SPD, sondern auch von der FDP toleriert – Vater Heuß, schau oben!

Ich empfehle eine große Fernsehdiskussion der Eurokommunisten Berlinguer, Marchais und Carillo mit ihren Genossen von den roten Hochschulgruppen in der Bundesrepublik, Thema: Demokratie.

Ich will ganz bewußt nicht ins Detail gehen – ich will die Neugier jener Leser, die mehr erfahren möchten, bewußt nicht befriedigen. Sie sollen sich bei Schülern und Studenten erkundigen. Sie sollen bei Aufenthalten in Universitätsstädten statt anderer Sehenswürdigkeiten die Hochschulen besichtigen.

Und wenn sie mir sagen: Was wollen Sie? Das wissen wir ja! – dann spreche ich sie mitschuldig an dieser Situation, sie und die Mehrzahl der Journalisten und der Autoren und anderen Intellektuellen.

Was macht ihr aus Deutschland? Was laßt ihr aus Deutschland werden?

Weil Willy Brandt zu sagen pflegt: «Es gibt keine Alternative zur Entspannung», sollen sich Professoren und Studenten mißhandeln lassen? Und wer darüber wahrheitsgetreu berichtet, ist ein «kalter Krieger» und sabotiert die Entspannung.

Es ist immer mißlich, die Existenz einer Verschwörung zu behaupten, und ich habe mich immer wieder dagegen zu sträuben versucht. Aber wer Goebbels und Lenin studiert, darf wohl behaupten, daß in all dem, was da in der Bundesrepublik opponiert, Methode zu liegen scheint; und er sieht schaudernd Parallelen der kulturpolitischen Situation der heutigen Bundesrepublik mit der politischen Situation Rußlands zwischen der Februar-Revolution und der Oktober-Revolution von 1917.

Ich erspare mir Hinweise auf die bundesdeutsche Theatersituation, wenn sie mir auch näher läge als die Schulsituation. Denn da scheint sich, im Unterschied zu den Schulen, bereits eine sachte Neigung zum Abklingen anzudeuten. Die Situation der meisten bundesdeutschen

Bühnen ist, vom kulturrevolutionären Standpunkt aus betrachtet, nur mehr widerwärtig und pervers – das ist ein gewaltiger Fortschritt!

Zwei andere Symptome der deutschen Selbstzerstörung scheinen mir wichtiger, weil weniger oder gar nicht in das Bewußtsein der Öffentlichkeit gedrungen, beide in Verbindung mit dem Andorra-Syndrom des Wegsehens angesichts negativer Erscheinungen, ein sehr bedenklicher Kollektivmasochismus, «Lust am Untergang» (Friedrich Sieburg), perverser Drang, geohrfeigt zu werden, sich selbst zu ohrfeigen, den Feinden zuzujubeln oder ihr Treiben zu beschönigen.

Das eine Symptom: die immer wieder mit viel trefflicher Taktik vorgetragenen Angriffe gegen die derzeit gültige deutsche Rechtschreibung. In der DDR ist man für die Abschaffung der Großbuchstaben, und das ist dort nur konsequent. Alle bis heute erschienenen Bücher würden übermorgen nur mehr mit Schwierigkeit lesbar sein und allmählich verschwinden – warum nicht? Marx, Engels, Lenin und das Passende von Hegel würden in der neuen Form neugedruckt werden, alles andere ist uninteressant für kommende deutsch-demokratisch-republikanische Generationen. Durchaus sinnvoll für die Region jenseits der Mauer.

Dort hält man allerdings still, exponiert sich nicht, um nicht dadurch der kleingeschriebenen Sache zu schaden; man wartet auf die Stunde der Entscheidung und läßt «unsere Leute in der BRD» arbeiten und vorstoßen.

Bei einer Orthographiekonferenz in Frankfurt (am Main!) soll ein bundesdeutscher «Bildungsplaner» gesagt haben: «Die Kinder sollen in zwanzig Jahren nicht mehr die bürgerlichen Klassiker lesen können – man wird dann schon genügend moderne Klassiker haben.»

Schließlich muß ich noch ein Symptom deutscher Entartung darstellen, das noch weniger bekannt ist als die Schul- und Hochschulmisere, die Theatermisere, die Gefährdung der Rechtschreibung und mit ihr aller bestehenden Bibliotheken. Ob auch diese Attacke im Konzept eines allgemeinen Plans zur Vernichtung Deutschlands, eines kulturellen Morgenthau-Plans zur Versteppung der Bundesrepublik, ist oder nicht, das scheint mir unerheblich. Wer aber gegen den Untergang der Bundesrepublik Deutschland ist, wehre sich. Wer für ihren Untergang ist, wird einverstanden sein: die Verleger, Herausgeber und Redakteure wissenschaftlicher Publikationen in deutscher Sprache.

Wie bitte?

Nein, Sie haben sich nicht getäuscht.

Man ist im Begriff, die deutsche Sprache als Sprache der Wissenschaft abzuschaffen.

Ja, Sie haben recht gelesen. Sie wußten es nicht? Jetzt wissen Sie's! Fragen Sie Ihren Arzt.

In Deutschland wird die medizinische Fachliteratur, von deutschen Akademikern für deutsche Akademiker geschrieben, nicht in deutscher Sprache, sondern in englischer Sprache veröffentlicht.

Das ist eine derart aberwitzige Tatsache, daß ich sie lange

nicht glauben wollte und immer neue Zeugen befragte. Aber es stimmt.

Wenn ein deutscher Arzt an deutschen Fachbüchern und Fachzeitschriften mitarbeitet, muß er seinen Text in englischer Sprache einsenden oder damit einverstanden sein, daß der Text von der Redaktion in die englische Sprache übersetzt wird.

Der Druck der Verleger und Redaktionen hat in den letzten Jahren immer mehr zugenommen. Eigentlich, sagt man mir, sei's zu spät, dagegen noch etwas zu unternehmen.

Die katholische Kirche hat im Hinblick auf die veränderte Zeit den Schritt von der Fremdsprache zur Nationalsprache getan. Die Wissenschaft geht den umgekehrten Weg.

Ich muß an den großartigen alten Witz denken: Hitler kommt im Mai 1945 in das Londoner Büro des Secret Service, nimmt den Schnurrbart ab und sagt: Befehl ausgeführt, Deutschland zerstört.

Wenn es, wo immer, eine Stelle geben mag, die Deutschlands Zerstörung im kulturellen Bereich betreibt, sie konnte es nicht besser anstellen als durch das, was da unternommen wurde und unternommen wird.

Wenn künftig ein Gelehrter in Göttingen eine wissenschaftliche Erkenntnis publiziert, muß sie sich sein Kollege in Fulda aus dem Englischen übersetzen.

Man denke, daß Virchow, Koch, Ehrlich ihre Erkenntnisse hätten auf englisch publizieren müssen.

Man bedenke, daß auch die Psychiatrie im Herrschaftsbereich der medizinischen Verlage und Redaktionen angesiedelt ist. Sigmund Freud hat den Frankfurter Goethe-Preis bekommen. Heute würde ihm die Stadt Frankfurt wohl den Tennessee-Williams-Preis verleihen. Er war nicht nur ein großer Denker, ein großer Arzt, er war auch ein Meister der deutschen Sprache. Lebte er heute, dürfte er sich nicht «Verdrängung», «Ich», «Es», «Über-Ich», «Traumarbeit», «Lustprinzip», sondern entsprechende angelsächsische Termini einfallen lassen.

Ich bemühe mich in diesem Buch ganz bewußt, Österreich und Deutschland nicht gegeneinander auszuspielen. Aber ich muß erwähnen, wie David immerhin leise gegen Goliath aufzutrumpfen versucht.

In Deutschland erscheint das «International Journal of Clinical Pharmacology». Es war bisher das offizielle Organ zweier gelehrter Gesellschaften mit dem Sitz in Wien: des Österreichischen Arbeitskreises für klinische Pharmakologie und des Österreichischen Arbeitskreises für Chemotherapie. In ihren letzten Generalversammlungen haben die beiden Arbeitskreise jeweils einstimmig beschlossen, die Zeitschrift, pardon: das Journal nicht mehr als ihr offizielles Organ beizubehalten, solange es in englischer Sprache erscheint.

Eine Kolonie sein, ist schlimm genug. Die Schicksale der DDR zeigen dies in tragischer Anschaulichkeit. Was aber soll man zu einem selbständigen prosperierenden Staat sagen, der sich selbst freiwillig, unaufgefordert, ohne jede sinnvolle Veranlassung zur Kolonie erniedrigt?

Die bösen Buben und
das liederliche Kleeblatt

Heinrich Heine – nein, nicht um auf ihn zurück-, sondern um von ihm wegzukommen –, Heinrich Heine ist nicht Ahnherr und Vorbild jener reich beschickten, der deutschen Sprache eigentümlichen Gattung von Lyrik, die ich meine. Ich führe sie auf Wilhelm Busch zurück; und da ich bei ihm angelangt bin, kann ich endlich wieder, statt zu schimpfen, über Deutsches glücklich sein.

Wie man zwischen E-Musik (ernster Musik) und U-Musik (Unterhaltungsmusik) unterscheidet, kennt die Literatur auch E-Lyrik und U-Lyrik.

Und wie in der Musik die Grenzen nicht präzise zu ziehen sind – warum sind Meisterwerke von Strauß U und flaue Tschaikowskij-Walzer E? –, reicht auch die U-Lyrik gelegentlich in die E-Sphäre hinauf.

Christian Morgenstern, im Hauptfach E-Dichter, ist der Vater der U-Lyrik in unserem Jahrhundert durch seine mit der linken Hand geschriebenen und populär gebliebenen Galgenlieder. Von Heine herkommend? Nein, von Busch.

Heine, das ist: Gemüt – Geläute – Lied – ins Weite. Oder: Gassen – Schatz – verlassen – Platz. Wilhelm Busch, das ist: Vergnügen – kriegen. Oder: Nolte – wollte. Und daran schließt sich der Lattenzaun mit Zwischenraum hindurchzuschau'n, und: des Reimes wegen – um Rat verlegen, und: messerscharf – nicht sein darf.

Von Morgenstern geht es weiter (der sehr große Joachim Ringelnatz ist kein Nachkomme, doch ein weitschichtiger Vetter) und reicht über Fred Endrikat, Eugen Roth, G. H. Mostar bis heute, und das hat mit ihrem Singen die fromme Helene getan.

Hätte ich einen Band für eine imaginäre Reihe «Glanz und Größe des Deutschen» zu gestalten, und Goethe wäre schon vergeben, ich suchte mir Wilhelm Busch aus. An ihm ist so vieles zu sehen, was liebenswert und typisch deutsch im guten Sinn ist.

Er ist einer der wenigen Autoren, die Kinder und Erwachsene gleich ansprechen (unmittelbar direkt, nicht auf Umwegen wie Robinson oder Gulliver) und entzücken. Schulmeister kritisieren ihn wegen seiner Grausamkeit. Er sei sadistisch. Aber Wilhelm Busch ist ebensowenig Sadist wie Frank Wedekind unsittlich ist. Er hat Humor – nicht den, der mit dem Zeigefinger auf sich weist, nicht den sardonischen, der sich mit Weltschmerz drapiert; sein Humor kommt aus dem Wort und aus dem Bild: Das Wort ist sein Hirn, das Bild sein Herz. Wilhelm Busch hat spielend verwirklicht, was ein anderer krampfhaft anstrebte: das Gesamtkunstwerk.

Er ist uns längst so selbstverständlich wie gewisse Melodien von Mozart und Beethoven und Schubert, wie gewisse Graphiken von Albrecht Dürer, daß man sich gar nicht mehr nach ihnen fragt – daß man ihn als gegeben hinnimmt und gar nicht wahrnimmt, wie lange die Selbstverständlichkeit schon währt, daß man diese Langzeitwirkung gar nicht gebührend als Attribut klassischer Größe würdigt.

Als vor etwa zwanzig Jahren die urheberrechtliche Schutzfrist für seine Werke ablief, war er in seinem sanft dahinstagnierenden Originalverlag ein sogenannter «steady seller», immer wieder gekauft, aber nicht mehr stürmisch. Doch da kamen, von flinken und aktivistischen Verlagen riskiert, die Neuausgaben, und siehe: auf einmal war Wilhelm Busch gefragt, stürmisch gekauft.

Er hat auch E-Gedichte und sehr gute Prosa verfertigt; aber seine mit der Zeichnung parallelgeschalteten Verse sind in ihrer unverwechselbaren Dichte und meisterhaft gearbeiteten Lockerheit das wahrhaft Große, das er geschaffen und im Schaffen erfunden hat.

Dabei wollte er das eigentlich gar nicht unternehmen, er wollte nur Zeichnungen ohne Text veröffentlichen und entschloß sich zu den begleitenden Versen nur, «weil nur wenige Menschen Bilder richtig zu lesen verstünden».

Deutsche Genies sind bescheiden. Deutsche Genies haben Charakter. Daher meine Skepsis gegen ... doch davon später.

Deutsche Genies sind introvertiert.

Wilhelm Busch zeichnete und schrieb Verse dazu – das war sein Beruf geworden. Er malte auch, und das verbarg er vor der Welt. Er verschenkte nur gelegentlich Ölbilder. Was er aber als malerisches Lebenswerk vollbracht hat, durften die Öffentlichkeit und die Kunstgeschichte erst nach seinem Tod wahrnehmen.

Von ihm führen Linien zu den Karikaturisten, die wir Cartoonisten nennen müssen, weil wir über keinen besseren Fachausdruck für ihre Arbeit verfügen. Und auch die Lyrik der Neuen Sachlichkeit wäre vermutlich ohne unbewußte Orientierung auf dieses Vorbild nicht gewesen, wie sie war: der Alltag als Gegenbild zum hohen E der Rilke, Hofmannsthal, George, das «Leben in dieser Zeit» im Vers Erich Kästners, das Lebensgefühl des Verlorenen, im U des Volkstümlichen verankert und hoch über die fließenden Grenzen des U hinausreichend.

Die Wilhelm-Busch-Pflege und -Verehrung ist in und um Hannover konzentriert. In diesem Landstrich, genau: in Ebergötzen bei Göttingen, hat auch Dietmar Grieser, der kundige Ort-der-Handlungs-Reisende, die Urlandschaft von Max und Moritz gefunden.

Und wenn ich dieser Landschaft gedenke, frage ich mich, ob ich sie um Wilhelm Buschs willen oder ob ich Wilhelm Busch um ihretwillen so gern hab'. Hier oben im Nordwesteck wie dort unten im Südwesteck ist für mich Deutschland in seiner besten Form. Oben vielleicht noch um einen Grad intensiver, weil das Deutsch, das sie dort sprechen, so deutsch ist. Wie paradox, daß bei den Niederdeutschen dieses so reine Hochdeutsch zu hören ist.

Daneben übt allerdings das Platt in zahlreichen Varianten seine Herrschaft aus, eindrucksvoll, aber unsagbar und unverstehbar fremd für mich. Ich kann ja schon das Ötztalerische kaum lesen und überhaupt nicht verstehen. Macht nichts! Der Dialekt («Mundart» ist so ein schreckliches Wort!) soll leben – bei uns ist er im Augenblick sehr erfolgreich damit beschäftigt.

Wäre nicht meine längst etablierte Beziehung zu Hamburg gewesen, ich könnte meinen, daß mein Nordwesthang zu Hannover durch angenehme äußere Umstände inspiriert wurde.

Hier hatte ich mehrfach an einer Expositur des Norddeutschen Rundfunks zu tun: ein deutscher Sender und doch intim, gemütlich – wo gibt's das sonst?

Hier durfte ich am Schauspielhaus mehrmals an Sonntagvormittagen sprechen, über Schnitzler, über Pirandello, über Karl Kraus (anläßlich einer sehr interessanten Fleckenstein-Inszenierung der «Letzten Tage der Menschheit»), über Molière, über Nestroy.

Nahe von hier ist der Sitz meines Freundes Erhard Friedrich («Theater heute»): typischer Fall von Anziehung ungleicher Pole.

Hier ist auch die «Landesbühne» zu Hause, deren Intendant ein Molière- und Nestroy-Freund ist, sommers in der eindrucksvollen Naturszenerie des Schloßparks von Herrenhausen, winters, wenn er nicht im Land umhergastiert, im neumodischen «Theater am Aegi» – da soll man nicht voreingenommen sein?

Aber, bei aller eingestandenen Subjektivität: Es ist nicht das, es ist nicht nur das.

Niedersachsen: So protestantisch, so demokratisch! Ja, Celle und Braunschweig gelten als sogenannte Hochburgen. Aber als die Engländer 1945 in Hannover einzogen, wurden sie von der Bevölkerung aus alter Affinität zum britischen Königshaus Hannover bejubelt. Es gibt nur einen zweiten Fall derartigen Jubels bei einem Einzug von 1945: als die Engländer in Graz einzogen, wurde auch gejubelt; aber das war keine Kunst, denn vorher waren die Russen abgezogen.

Ich fühle hier in der ruhigen, gediegenen, weiträumigen, geheimnisvollen Wilhelm-Busch-Gegend die Affinität Protestantismus – Demokratie. Eine gewagte These, ich weiß. Aber: Franco, Salazar, de Gaulle, Mussolini, Hitler, Lateinamerika.

Wenn ich mit der Bahn fahre (ich fahre in Deutschland gern mit der Bahn), und es wird Bebra, es wird Münster, da zieht westfälischer Friede in meine Seele, die das Land der Deutschen sucht. Sie wähnt, sie habe es gefunden.

Der Bahnhof von Hannover ist (hoffentlich immer noch!), wie einst Bahnhöfe waren, und vor ihm ist ein Denkmal zu sehen, das Landeskinder ihrem Landesvater errichtet haben. Wilhelminische Protzbauten sind gemildert durch Atmosphäre. Einen See haben die vorsorglichen Stadtväter für die Stadtkinder angelegt, das Opernhaus ist von nostalgisch verklärter Gestrigkeit. Um ein brauchbares Schauspielhaus zu bauen, sind sie zu sparsam, dafür ist der Flughafen neu und heutig, aber nicht im Stil von Frankfurt. Von hier fliegt man am kürzesten, also billigsten nach Berlin.

Als ich zum erstenmal via Helmstedt durch die «Zone» im Wagen nach Berlin und zurück fuhr, weil es die Jury, die in Berlin tagte, so wollte, ließ ich mich auf der Rückfahrt dort, wo die Autobahn Hannover berührt, absetzen.

Ich stand mit meinem Koffer auf einer langen, breiten, nichtssagenden, doch anheimelnden Landstraße und fühlte mich in der Fremde schon sehr zu Hause, noch ehe das Taxi kam und mich ins Zentrum holte.

Mehrfach bin ich mit der Landesbühne zu Abstechern in den Umkreis gefahren, ich habe Nestroy-Komödien im Dorf und in der Kleinstadt gesehen. Und wenn dort in der architektonisch gediegenen Aula der Schule die steifen, introvertierten, ungeheuer anderen Niedersachsen bei «Der böse Geist Lumpazivagabundus oder Das liederliche Kleeblatt» laut lachten, kindlich in die Hände klatschten über das, was ein Wiener für sein Vorstadtpublikum erdacht hatte, fühlte ich es wie einen Widerhall auf meine innerliche Liebeserklärung.

Und da ich eben der Begegnung Johann Nestroys mit dem Landkreis Hannover gedenke, möchte ich zu meditieren beginnen über die Verwandtschaft der Weltbilder von Johann Nestroy und Wilhelm Busch.

Daß Enthaltsamkeit das Vergnügen an Dingen, welche wir nicht kriegen, sei, hätte Johann Nestroy etwas anders formuliert, hat er aber ganz gewiß gedacht.

Daß die edelste unter den Nationen die Resignation sei, hätte Wilhelm Busch etwas anders formuliert, hat er aber nicht nur gewiß gedacht, sondern auch gelebt.

Die illustrierenden Bilder bei Wilhelm Busch hat Johann Nestroy wettgemacht durch seine ausdrucksvolle Mimik, durch seine Lehrer-Lämpel-Gestalt und ihren überlieferten Einsatz im Dienst an der komischen Wirkung.

Die bösen Buben, denen Wilhelm Buschs larvierte Sympathie gehört, sind bei Nestroy die «Schlimmen Buben in der Schule», allen voran der Schüler Willibald.

Die Unrast des zerrissenen Herrn von Lips, sein unstillbarer und ungestillter Drang nach Veränderung könnte sich auch formulieren: Schön ist es auch anderswo, und hier bin ich sowieso.

Bei Nestroy und bei Wilhelm Busch begeben sich Katastrophen, und beide erheitern uns durch deren Darstellung.

Beide lebten sich im Werk aus, als Spötter, als radikale Frondeure, waren aber im Leben unauffällig, zurückgenommen, scheu.

Sie wußten beide, daß der Mensch ein Abgrund ist, die Welt ein Jammertal, das Leben eine Folge von üblen Erfahrungen, und sie befreiten sich und uns von der darob naheliegenden Depressivität, indem sie diese Erkenntnisse pointiert formulierten.

«Heißa, meine Frau ist tot», ruft der Witwer bei Wilhelm Busch, und dem Witwer bei Johann Nestroy floriert aus dem Trauerflor eine ruhige Zukunft.

Mit einem Wort: zwei Seelen und ein Weltbild.

Deutsch, deutscher, am deutschesten

Bayreuth ist ganz anders.

Ich war Knabe gewesen, ich war erwachsen geworden, ich hatte meine Mannesjahre und -jahrzehnte, meine Sechziger- und des Jahrhunderts siebziger Jahre erreicht, ohne in Bayreuth gewesen zu sein.

Ich hatte als Jüngling in Wien Siegfried Wagner als Dirigenten erlebt: Werke der Familie Wagner und Beethovens Siebente; und als ich mir anschließend ein Autogramm holte, sah ich im Künstlerzimmer die sehr dominierende Winifred.

Als ich sie 1976 wiedersah, dachte ich: Was? Die gibt's noch immer? Doch das war natürlich unlogisch, denn sie hätte bei meinem Anblick mit gleichem Recht ausrufen können: Was? Den gibt's noch immer?

Ich war zeit meines nachpubertativen Lebens Antiwagnerianer gewesen, der leidenschaftlichste, den ich kenne.

Aber als ich dann endlich in Bayreuth einzog, trug ich keine Tafel mit meinem Namen vor mir her, und selbst eine derartige Tafel hätte mich nicht als einen Ketzer ausgewiesen, denn mein durchaus nicht auflagenstarkes Buch «Apropos Musik» ist bei der Bevölkerung von Bayreuth nicht als bekannt vorauszusetzen. Und ich gehe ja auch als Anti des andern Tabu-Richard unbefangen und unangefochten durch München.

Die Gegend, in der Bayreuth liegt, ist angereichert durch Reminiszenzen, durch Jean Paul. Auch Gluck, ein Edelmann deutscher Musik, ist hier irgendwo zur Welt gekommen. Wer weiß das? Wer kennt ihn? Ihm zu Ehren wäre längst ein dortiges Salzburg mit großen festlichen Opernspielen zu errichten gewesen; denn so lange, bis das Bayreuther Festspielhaus für diesen edlen Zweck frei wird, sollte man nicht warten.

Die Gegend, in der Bayreuth liegt, ist in meinen Gedanken stets umschattet vom Bewußtsein zweier naher Grenzen. Ein toter Winkel im Deutschland von heute: geradeaus weiter Asien, rechts herum Asien. Ein Notstandsgebiet. Daher ist ihre Saison der Stadt durchaus zu gönnen.

Wir waren im Wagen quer durch Deutschland hierher gelangt und mußten am nächsten Tag bis Berlin fahren.

Ich hatte Bayreuth affektiv derart mit Widerstand besetzt, daß ein Umkippen ins Gegenteil unvermeidlich war.

Ich fand zu meiner Überraschung keinen Wallfahrtsort, sondern – man weiß es ja, aber man macht sich's nicht bewußt – eine kleine markgräfliche Residenz; eine Eremitage, ein Schloß, ein Park, ein hinreißendes Theater von bedeutender Verspieltheit, so recht geeignet für welschen Dunst und welschen Tand. Hier müßte man jeden Sommer («für böse Gifte Gegengift») als Alternativprogramm den «Liebestrank», «Don Pasquale», «La Cenerentola», «Norma» in der Originalsprache aufführen, vielleicht auch probeweise etwas von Ermanno Wolf-Ferrari, dem Anzengruber der Opera Buffa.

Nichts fand ich von der vorgestellten Enge und Dumpfheit; es war eine Stadt ohne Stabreim, ohne Barett, ohne Seidenschlafröcke, die sich mir empfahl durch helle, breite Straßen, freundlicher, als man's im Frankenland erwartet. Irgendwo an einer Straße, ohne alle vatikanische Heiligmäßigkeit, kaum auffallend, das Haus namens Wahnfried.

Ich fand, daß die Bayreuther zwar in gewissem Umfang von, aber ganz gewiß nicht für Wagner leben.

In dem Hotel kannte man mich durchaus nicht, wohl aber Elfriede Ott. Und ihr gegenüber erwies man sich als ganz besonders aufmerksam.

Es waltete in mir eine Atmosphäre der Entspanntheit, eine Mischung aus Versöhnungstag und Geist von Helsinki.

Im Hotel-Restaurant Wände voll mit Sängerbildern. Ich verehrte viele Sänger, die auch Wagner-Sänger gewesen waren. Erik Schmedes, Michael Bohnen, Lotte Lehmann hatten mich durch ihre künstlerische Gestaltung vergessen gemacht, daß die Anlässe Siegfried, Sachs und Eva Pogner hießen.

Nein, ich wurde an diesem Bayreuther Tag nicht irre, ich war nicht plötzlich dafür. Ich war nur erregt, denn ein Leben der Auseinandersetzung konzentrierte sich in mir, ein Leben der Fassungslosigkeit kulminierte.

Ich kann verstehen, wenn auch nicht billigen, daß man Opern von Puccini öfter als einmal besucht, denn gelegentlich geht einem da etwas ins Ohr, wo es sich den Weisen «O sole mio», «Vilja, o Vilja» und der Nußknacker-Suite gesellt. Daß für mich der Unterschied zwischen «Tosca» und jeder Verdi-Oper dem Unterschied zwischen einem Krimiheftl und «Schuld und Sühne» entspricht, ist meine Privatmeinung, die ich niemandem aufdränge.

Ich habe Verständnis, wenn auch keinen Respekt für Hörer der Oper «Arabella», die ihr Geld nicht lieber in Karten für Aufführungen der Oper «Hoffmanns Erzählungen» anlegen, ich habe kein Mitleid mit dem Publikum der «Frau ohne Schatten» ..., aber ich bin nachsichtig und zur Amnestie bereit, und das dankt der zweite dem ersten Richard. Denn verglichen mit der Steppe des Nibelungenrings und der Wüste des «Parsifal» wirkt selbst der fadeste Strauss wie die ersten beiden Akte der «Fledermaus».

Was ist aus diesem hochbegabten Burschen geworden, der mit «Rienzi» so schmetternd verheißungsvoll begonnen hat? Warum mußte er zum Hitler der dramatischen Musik werden?

Und warum hat eine ganze Welt mit Adolf Hitler Schluß gemacht und diesen Sieg gefährdet, indem sie Richard Wagner von ihm ausgenommen hat?

Als ich unmittelbar nach Kriegsende hörte, man habe in Bayreuth «Tiefland» aufgeführt, dachte ich: Eben! Hart, aber berechtigt. – Doch bald trat Nibelheim wieder in seine Rechte.

Warum darf, nein, warum kann es diese verschwitzten Germanen mit nackten Knien immer noch geben, die kreischenden neun Reiterinnen, die eiterige Sepsis des Amfortas, das übelste, trübste, verhatschteste Deutsch und Deutschtum eines paranoiden Gnoms, der notierte: «... ich bin der deutscheste Mensch, ich bin der deutsche Geist»?

Kann man sich einen Franzosen (inklusive de Gaulle) vorstellen, der sich als den französischesten, einen Spanier, der sich als den spanischesten, einen Ungarn, der sich als den ungarischesten Menschen bezeichnet?

Ist es nicht Pflicht des legitimen deutschen Geistes, diese Geisteskrankheit zu heilen? Es wäre.

Wie kommt es, daß Größenwahn eines Schaffenden sich auf die Konsumierenden überträgt? Daß einer sich so lange so suggestiv erhöht, bis alle tatsächlich zu ihm aufblicken?

Das Gleichnis von des Kaisers neuen Kleidern ist zu sehr abgedroschen, aber man kommt nur schwer um es herum.

Wagner war gewiß eine genialische Erscheinung. Wenn er die vier Symphonien von Robert Schumann und das «Spanische Liederbuch» von Hugo Wolf, wenn er neun Bruckner-Symphonien, sogar wenn er «Hänsel und Gretel» komponiert hätte (hat er ja eigentlich), wäre gegen sein Privates und sein Psychopathisches nichts zu sagen. Aber bei ihm sind ja Person und Werk nicht zu trennen.

Er hat gewiß die Musik des neunzehnten Jahrhunderts entscheidend beeinflußt, aber seine megalomane, abnorme Suggestivität ist das Furchtbare, Verhängnisvolle an ihm. Was wäre aus Anton Bruckner, aus Gustav Mahler, aus Richard Strauss und andererseits auch aus Arnold Schönberg geworden, wenn Wagner nicht Wagner gewesen wäre?!

Sie alle haben ein halbes Leben und mehr mit ihm zu ringen gehabt, ehe sie ihn und sein Blech in späten und spätesten Werken überwinden konnten: Bruckner im Scherzo der Neunten, Mahler im Schlußsatz des «Leides von der Erde», Strauss ..., aber das habe ich schon festgestellt, Schönberg in der Abwendung von der Romantik.

Sein anregender, sagen wir es ruhig: faszinierender Schritt vorwärts in der Manier des Komponierens hat die Kenner über seine Schauerlichkeiten nicht nur der Person, der Aufmachung, der Texte hinwegsehen lassen. Was kümmert es den Bewunderer der Chromatik, ob diese neue Musik dem Wigalaweia oder Hojotoho unterlegt ist?

Ja, Hans, alles schrecklich, sagte mein Freund, aber wenn man die Partitur anschaut – ein Genuß!

Mag sein! Aber Opern sind nicht dazu da, daß Musiker das Studium der Partitur genießen.

Sie mögen von ihm lernen, sie mögen die Partituren studieren, aber sie sollen ihn nicht aufführen. Sie sollen ihn von mir aus bewundern, aber nicht in den Opernhäusern.

Was soll uns der Nibelungenhortkäse, die Inzestbrunst Siegmund–Sieglinde, die Neffe–Tante-Liebe Siegfried–Brünnhilde, was soll uns das Grottenbahninventar von Riesen und Zwergen, die stimmenmordende Rücksichtslosigkeit der Gesangspartien, die ekelhafte Vordergründigkeit einer widerwärtigen Familie (damit meine ich nicht die Wagners, sondern die Wälsungen), und was soll eine

Musik, die zwischen effektvolle Kurorchester-Piecen Durststrecken von quälenden Gähnkrampfauslösungen schiebt, was sollen die simplen Liedertafelchöre im «Holländer», «Tannhäuser», «Lohengrin», die Pausenzeichen und Kennmelodien, bis zur Unleidlichkeit immer wieder neu verschrottet?

Die Blechbläser verkünden vor dem Bayreuther Festspielhaus, Motive blechblasend, den Beginn der Akte. Man stelle sich derlei bei «Così fan tutte», «Figaro», «Orpheus» von Gluck, bei «Othello», «Falstaff» vor, nicht einmal «Lucia di Lammermoor» ertrüge das, von «Hoffmanns Erzählungen» zu schweigen. Man stelle sich vor, daß Schauspieler in der Pause der «Iphigenie»-Aufführung vor das Festspielhaus treten und im Sprechchor mehrfach rufen: «Es fürchte die Götter das Menschengeschlecht»!

Wagner ist ein Pausenzeichen-, ein Kennmelodien-, ein Signalkomponist, der's besser wüßte und besser könnte. Es ist ein Jammer, wenn man sich nach dem Vorspiel stundenlang durch zwei Akte der «Meistersinger» mit ihren spärlichen Reizen bis zu dem negativen Höhepunkt der musikalisch so sterilen Prügelszene quälen muß, um dann das wunderschöne Vorspiel zum dritten Akt zu hören und dann nach dem Schusterstuben-Strudelteig das herrliche Quintett, eine Nummer, in der Wagners Praxis die Theorie Wagners Lügen straft. Und wenn man dann auf der Festwiese die Exzesse des Humors («Von Blut und Duft geht schnell die Luft») unbeschädigt überstanden hat, wird man durch die Parteitagrede des Hans Sachs tief beleidigt.

Weiß man übrigens, daß auch «Lohengrin» in eine politische Manifestation mündet? Ehe er den fahrplanmäßigen Schwan zur Rückfahrt nach Monsalvat besteigt, verkündigt der Ritter dem König Heinrich, daß aus dem Osten keine Gefahr droht. Das soll er seiner brabantischen Großmutter erzählen!

Hitler wollte Europa beherrschen und ist gescheitert. Wagner hatte mehr Erfolg. Er hat beide Weltkriege als Sieger überlebt. Er hat lange vor Adenauer Frankreich mit Deutschland versöhnt, aber auf ungute Weise. Ich erinnere mich, wie ich anno 1931 verzweifelt war, als ich Paris von Wagner-Musik wie von einer fünften Kolonne infiltriert fand. Man weiß, wie's weitergegangen ist.

Und wenn man bedenkt, wie gegenständlich dieses Theater ist, mit dem Schwert im Baum, dem Holländer-Bild an der Wand, den Spinnrädern, dem Klopfen des Schusters auf die Schuhe, dem Schwan, dem Speer, dem Feuer, dem Schmieden des niedlichen Schwertes, dem Goldschatz, den Pferden, dem reißenden Seil, dem Stab, der sich schmückt mit frischem Grün ..., und dann kommen die Enkel und abstrahieren! Und man läßt es zu und redet darüber.

Und dann kommen die Skandalregisseure und die Sozialkritiker, nicht nur in Bayreuth, und fangen an zu deuten und zu verfremden ... «Heda, heda, hedo» ist kapitalistisch, «Heiahahei» ist fortschrittlich ...

... ich faß' es nicht.

Ich will gewiß nicht welchen Künstler auch immer durch außerkünstlerische Anspielungen diskreditieren, aber da die Wagner-Literatur so reich ist, kann ich mich nicht enthalten, meinen Leserinnen und Lesern einen kaum bekannten Beitrag zu offenbaren, entnommen der Seite 127 des 1914 im Verlag der k. u. k.-Hofmusikalienhandlung Albert J. Gutmann erschienenen Buches «Aus dem Wiener Musikleben / Künstler-Erinnerungen 1873–1908 / Erster Band» von Albert J. Gutmann:

«Als Mottl eines Abends à la camera in ‹Wahnfried› mit einem Geiger die Frühlingssonate von Beethoven spielte, kam plötzlich Wagner aus dem Nebenzimmer in Frauenkleidern und tanzte beim letzten Satze Cancan.»

Ja, das hält sich für den deutschesten Menschen, das ist der deutsche Geist!

Gluck her, Jean Paul her, daß ich wieder atmen kann!

An jenem Bayreuther Tag, von dessen Darstellung mein gestautes lebenslanges Kopfschütteln mich abgelenkt hat, als mich Nachsicht überkam, weil man in dem Hotel so besonders freundlich und aufmerksam war – mein Zustand war schlechtem Gewissen verflucht ähnlich, nicht Wagner, sondern Bayreuth gegenüber –, da sagten wir, daß wir so gern das Festspielhaus besichtigt hätten. Eine offizielle Führung fand nicht statt, aber die lieben Hotelleute riefen oben an und erwirkten eine Spezialführung – für zwei Ehrengäste sozusagen.

Wir fuhren hinauf, wir gingen hinein – ein ganz besonders liebenswürdiger Herr führte, beantwortete kompetent alle Fragen. Wir sahen das Haus – erprobten die Sicht von allen Plätzen, erprobten die Akustik. Es war wie eine Begehung. Dann besichtigten wir die Bühne mit allen

Einrichtungen – der Drache stand da, und unser Cicerone war sichtlich stolz auf ihn –, und dann ging es hinunter in den Orchesterraum, der so tief unten derart angelegt ist, daß gerade noch zwischen dem Dirigenten und der Bühne Kontakt stattfinden kann, daß aber die Balance zwischen Bühne, Orchester und Zuschauerraum, anders als sonst üblich, harmonisch ausgewogen ist. Ich bat, ob ich einen Augenblick auf dem Dirigentenstuhl Platz nehmen dürfe. Ich durfte. Ich kletterte hinauf.

Großer Augenblick. Sternstunde. Mondlandung. Einzug in Walhall. Wach-auf-Chor.

Ich saß, wo Richard und Siegfried, wo die Mucks, die Knappertsbüsche, die Sträusse gesessen waren, kurze Zeit auch der erlauchte Toscanini. Aber ich konnte der grotesken Situation nicht ganz innewerden.

Nein, ich war nicht aus einem Saulus ein Paulus, aus einem Schwarzalben ein Lichtalbe geworden. Ich war nicht zum Gesamtkunstwerk bekehrt. Aber ich war ehrlich hingerissen von dem Haus. Ich war außer mir. Hundert Jahre alt und gar nicht übermäßig verziert, streng und bis heute würdig und ansehnlich. Und in der Anlage eben nicht megaloman, nicht wilhelminisch, fast antiwagnerianisch, funktionell. Alte Sachlichkeit. Nicht amdeutschenwesenwirddieweltgenesendeutsch, sondern demokratisch. Ich konnte keine Orchesterprobe erleben (ich hätte dort gern Mendelssohn gehört), aber ich erinnerte mich an die kompetenten Berichte über die Akustik: man könne «nämlich auch einen Sänger mit schwacher Stimme nicht zudecken; das ist das Wunder von Bayreuth» (Karl Böhm).

O Deutschland, Deutschland!

Warum hat man dieses einzigartige Haus, seit es erbaut und erprobt war, nicht in allen Städten kopiert???

Ich kenne das Münchener Prinzregententheater, ich kannte das alte (im Zweiten Weltkrieg zerstörte) Berliner Schillertheater – dort war ich oft und weiß, daß die Bayreuther Formel auch auf Schauspielhäuser bestens anwendbar ist.

Dafür sollte Richard Wagner weltberühmt geworden sein, Denkmäler bekommen haben, dafür, nicht für seine Blablalaweiatexte und seine chromatische Tatütatamusik!

Ich weiß nicht, ob meine Meinung über den Musikdramatiker Wagner stimmt, aber ich weiß, daß seine Werke längst in das zweite Jahrhundert ihres Welterfolgs eingetreten sind.

Aber ich weiß, daß dieses Bayreuther Festspielhaus ein Geniestreich ist und daß diese Meinung stimmt und daß diese Tat Richard Wagners nicht auslöste, was sie an weltweiter Würdigung und Wirkung verdient hat.

Man spielt Wagner weiterhin, und man versenkt die Orchester in den Opernhäusern nicht.

Aus diesen Prämissen gestatte ich mir den Schluß zu ziehen, daß die Musikdramen Richard Wagners dank einer rätselhaften Gesetzlichkeit von der Welt maßlos überschätzt werden.

Und es dunkelte, und wir wollten noch zum Drüberstreuen das Haus Wahnfried besichtigen. Es war zu dieser späten Stunde nicht mehr geöffnet. Wir schauten den Garten an, und ich frönte meiner Schrulle und analysierte die klassische Zeile «Wo mein Wähnen Frieden fand» und fragte mich, ob das Zeitwort «wähnen» dem Hauptwort «Wahn» («Meistersinger», III, 1), also dem abnormen, irregeleiteten Denken, entspricht und nicht eher «zu Unrecht vermuten» bedeutet als das, was Wagner in dem Vers …

… es war schon ganz dunkel, auch das Haus Wahnfried lag im Schatten. Nur von einem Nebengebäude drang Licht aus einem Fenster. Wir schauten, wir sahen … ja, kein Truggebild, keine Phantasmagorie, da saß sie, gut beleuchtet, an ihrem Schreibtisch, Winifred, die Witwe Siegfried Wagners, die Mutter der alliterierenden Reformenkel Wolfgang und Wieland, Wahnfrieds wehrhafte Walterin, von den Bayreuther Festspielen entfernt, weil zu hitlerfreundlich (da müßte man auch Richard Wagner entfernen), da saß sie und ließ sich beim Dasitzen beobachten, da saß eine Illustration aus einem Deutschlandbuch, da saß sie, wo sie hingehörte, als würde Friederike Brion heute noch in Sesenheim hinter ihrem Fenster sitzen, die Schwestern Dorette und Molly hinter Gottfried August Bürgers Fenster in Altengleichen, Grete Wiesenthal hinter Hofmannsthals Fenster in Rodaun, längst historisch geworden, aber sichtlich lebendig und doch eher ein lebendes Bild, eine Wachsfigur, die darauf wartet, daß sie morgen von Madame Tussaud abgeholt wird.

Wir hatten sie kurz vorher einige Augenblicke lang in ihrer Fernsehtetralogie gesehen. Sie war's also nachweisbar. Und es war, wie im Fernsehen, wieder kein gelebtes Leben, sondern ein Bild in einem Rahmen. Sie posierte.

Sie spielte die Winifred Wagner. Sie stellte sich dar, sie stellte sich aus. Sie schrieb, aber ihre Beschäftigung bestand hauptsächlich im Vorhandensein, demonstrativ, der bösen bundesdeutschen Welt zum Trotz.

Im «Siegfried» findet bekanntlich das sogenannte «Waldweben» statt, das nicht mit dem Webstuhl zusammenhängt, sondern die Stimmung, die Atmosphäre des Waldes bezeichnet und darstellt. Und etwas später liest man die szenische Bemerkung «Wachsendes Waldweben».

Dies hier war wachsendes Winifredweben.

Aufs Inszenieren haben sie sich immer schon verstanden. Und sie fügte sich, obwohl eingeheiratet, meisterlich in die Tradition der Sippe.

Es fehlte nur der bei musealen Schaustellungen sonst unvermeidliche Führer, der sagte: «Und hier sehen Sie Winifred Wagner – zwanzigstes Jahrhundert.»

Flüchter und Denker

Ist sie die Einzige?

Natürlich nicht.

Es ist nur meine Langzeiterfahrung, daß alles, was rechts und ganz rechts passiert, sofern es in Deutschland passiert, so ganz besonders betont, kommentiert, ausgespielt, fast lustvoll ausposaunt wird, im Ton von: «Na, was sag' ich denn schon die ganze Zeit?!»

Wie ein Arzt, der eine Diagnose gestellt hat, wenn dann das erste Symptom auftritt, sich angenehm bestätigt fühlt.

Wenn ein Greis in der Bundesrepublik den Badenweiler-Marsch trällert, ist das weltpolitisch von ähnlicher Wirkung wie die Liquidation der bisherigen französischen Republik durch den General, wie der Antisemitismus gewisser Banken und Clubs in den USA. Nein, ärger.

Man stelle sich das (berechtigte) Aufheulen vor, wenn Oberst Rudel deutscher Bundespräsident wird, wenn deutsche Banken oder Tennisclubs sich als antisemitisch erweisen.

In Frankreich durfte de Gaulle, in den USA dürfen die Clubs.

Allüberall sind Wellenbewegungen im Lauf des historischen Fortschreitens. Das ist die wesentliche Erkenntnis im Rückblick auf ein längeres Leben.

Mein Vater trug einen Schnurrbart. Wir Jungen gingen glattrasiert und meinten, damit wäre der Schnurrbart für alle Zeiten überwunden. Und heute ist er wieder da, und wenn ich nicht wenigstens Koteletten und am Hinterkopf lange Haare trage, bin ich mit meiner fortschrittlichen Haartracht von 1930 heute ein Rückschrittler.

Als Franz Liszt allmählich aus dem Konzertrepertoire schwand, war ich glücklich über die Vernünftigkeit und den Geschmack einer besseren Zeit. Längst ist er wieder da.

So kommt und geht auch die, sagen wir: konservative, ultrakonservative, reaktionäre, nationale Welle. Aber nationalsozialistisch ist sie nicht. Ebenso wie nicht jeder Schüler, der die Schule anders will, ein radikaler Linker ist.

Als die NPD kam, wurde gleichfalls aufgeheult. Mir war sie nicht sympathisch, mir waren die zahlreichen Prozent Wähler nicht geheuer, aber ich konnte mir vorstellen, daß es Menschen gibt, die, ohne politisch anrüchig zu sein, eine solche Partei wählen.

Zum Beispiel weil alle Parteien sich als «Mitte» deklarieren und weil der oder jener gern rechts von der Mitte sein möchte, etwa dort, wo in Frankreich die Gaullisten sind, wo in der Weimarer Republik die Partei Stresemanns war. Weil man zum Beispiel über die deutsche Ostpolitik unglücklich ist. Weil man Erinnerungen an Erlebnisse in Polen, in der Tschechoslowakei, in der Kriegsgefangenschaft nicht vergessen kann. Ich will hinzufügen, daß ich die deutsche Ostpolitik gutheiße, ganz besonders im Hinblick auf Polen.

Und solange das bundesdeutsche Spektrum rechts von der Mitte nichts Besseres zu bieten hat ...

Die NPD kam, schwoll, schwoll wieder ab. Wie die Partei der Poujadisten (haben Sie schon vergessen? Sehen Sie!) in Frankreich längst dahingegangen ist.

Ich spüre die neue Welle. Aber, wie ungemütlich sie auch sein mag, ich fürchte sie nicht. Sie muß im Zusammenhang mit dem Andorra-Syndrom gesehen werden. ... ich will mich nicht wiederholen, aber ich kann das fast genüßliche Gehaben einer Linken nicht gutheißen, die zu wissen vorgibt, was die Rechte tut.

Wenn auch nur fünfzig Prozent aller Behauptungen: «Sie sind wieder da», die ich seit dreißig Jahren gehört und gelesen habe, zutreffend gewesen wären, wäre Brandt längst von Heckenschützen umgelegt, Schmidt in Schutzhaft, die Bundeswehr hätte in Mozambique und Angola interveniert, der deutsche Außenminister hätte einen Staatsbesuch in Pretoria gemacht, ein Schiff der deutschen Marine trüge den Namen «Dönitz» – nein, sie sind nicht wieder da, es sind andere da, wie es sie, ob's mir paßt oder nicht, immer und überall immer wieder geben darf und geben wird.

Man darf sie hassen, das ist gleichfalls gestattet und menschlich, ebenso menschlich wie die Angstträume eines Wählers, der seine Ostschicksale nicht vergessen kann.

Was man nicht dürfte und was mich immer wieder viel

stärker beunruhigt, ist die bundesdeutsche Aggression gegen die Bundesrepublik.

Es tut mir leid, daß der Romancier Alfred Andersch nun drankommt, aber ich kann's ihm nicht ersparen.

Ich habe seinen Roman «Sansibar oder der letzte Grund» mit uneingeschränkter Zustimmung gelesen.

Bei seinem Erfolgsroman «Efraim», einem glanzvollen Meisterstück der Erzähltechnik, hatte ich allerdings die Nase zu rümpfen. Da kommt ein Emigrant zurück nach Berlin. Große Emotion – wie denn auch nicht?! Er kommt zu dem Haus, das seine Eltern bewohnt haben. Große Emotion – natürlich! Dort wohnen jetzt andere Leute. Nicht sie haben die Eltern vertrieben. Sie wohnen einfach dort. Und der Emigrant Efraim zürnt ihnen. Ja, ihnen! Der Autor ist auf seiner Seite. Was soll das? Ein Dieb aus Purkersdorf hat meinen Wintermantel gestohlen – ich fahre nach Purkersdorf und ohrfeige den ersten Purkersdorfer, der mir entgegenkommt.

So weit, so demagogisch. Ich wollte damals, als ich den Erfolgsroman gelesen hatte, replizieren und gegen «Efraim» die Humanität Gotthold Ephraims ausspielen – aber dann hab' ich's gelassen.

Alfred Andersch imponierte mir. Er hat sich aus dem Tagesgetriebe zurückgezogen, er sitzt im Tessin in der Klausur und arbeitet als Romancier. Eigentlich großartig.

Aber es hat ihn aus der Zurückgezogenheit zurückgezogen in das Tagesgetriebe. Er hat im Winter 1975/76 ein langes Gedicht gedichtet. In diesem Gedicht nennt er die Bürgerinnen und Bürger der Bundesrepublik Deutschland «ein volk von ex-nazis und ihren mitläufern» und behauptet, daß sie schon wieder «ihren lieblingssport» betreiben, die Hetzjagd auf Kommunisten, Humanisten, Linke und – nein, Sie erraten es nicht, und böte ich Ihnen als Belohnung ein Autogramm von Ulbricht mit persönlicher Widmung, Sie könnten es nicht erraten. Es ist schon lustig, daß ein von einem sozialdemokratischen Kanzler regiertes Volk eine Hetzjagd auf «sozialisten» betreibt.

Aber das ist noch gar nichts. Dann wird behauptet: «eigentlich waren die nazis ehrlicher.» Als wer?

Dann diagnostiziert Andersch anno 75/76 «die neue gestapo».

Wie viele Millionen hat die Bundesrepublik Deutschland in den Jahren 1975/76 umgebracht?

Und das alles ist ja weißgott stark und durchaus schon einer starken Gegenäußerung wert. Doch dann geht es über alle Denkbarkeit, über alle Methodik der politischen Selbstbefleckung hinaus, ja, Selbstbefleckung, denn dem, was er «volk» nennt, gehört er ja selbst an. – Wo's «ins Abnorme geht», wie Nestroy sagen würde, das begibt sich gegen Schluß des Poems: der Appell an die bundesdeutschen Zeitungen: sie sollten «den deutschen dissidenten» wenigstens ein Zehntel des Raums einräumen, den sie den russischen Dissidenten widmen.

Man muß die russischen Dissidenten nicht so bewundern, wie ich sie bewundere, man darf es bedauern, daß sie dem lieben guten Geheimdienst der Sowjetunion Ungelegenheiten bereiten, man darf die nachgewiesenen Überstellungen von Regimegegnern in psychiatrische Anstalten als

Greuelmärchen abtun oder als berechtigte Gegenmaß-
nahmen ansehen, man darf die Nobelpreise für Solschenyzin und Sacharow als Provokation neonazistischer Revanchisten und Kriegshetzer bezeichnen.

Aber man darf nicht den Alfred Andersch und seines-
gleichen als «dissidenten» bezeichnen! (Und damit zum
Beispiel sogar dem Heinrich Böll Unrecht tun, der zum
Beispiel in Sachen Solschenyzin vorbildlich reagiert hat.)

Ein russischer Dissident riskiert seine Freiheit, seine
Sicherheit, seinen Beruf, seine Wohnung, die Existenz
seiner Angehörigen ..., nein, ich brauche es nicht näher
auszuführen.

Andersch schreibt sein Gedicht. Und was ist ihm geschehen? Was hat die Bundes-Gestapo ihm angetan? Das
Gedicht durfte nicht im Fernsehen gesendet werden. Also
ist er ein Dissident.

Ich verstehe, daß man im deutschen Fernsehen Bedenken
hatte, wenn ich sie auch nicht teile. Ein Herr namens
Dieter Stolte nannte den Text eine gehässige Schmähschrift
auf die Bundesrepublik. Berechtigt! Ich hätte den Text
trotzdem sprechen lassen, dreimal hintereinander ein bis
zwei Wochen lang täglich, und dann zur Diskussion gestellt. Ob das, was da geschehen ist, «zensur» ist, mögen
bundesdeutsche Experten entscheiden.

Zensur, gestapo, dissidenten ... und woher habe ich das
Gedicht? Es ist nicht als vervielfältigtes Flugblatt von Hand
zu Hand weitergegeben worden, es ist samt Stellungnahmen
pro und kontra in einem Taschenbuch abgedruckt, das
man bei jeder Buchhandlung in der Bundesrepublik er-

werben kann. Es wurde von zwei bundesdeutschen Zeitungen nachgedruckt. Auch Leserbriefe für Andersch und gegen das Fernsehen konnte man lesen. Das soll der Sacharow mit der «Prawda» versuchen.

Ich wünsche von ganzem Herzen den russischen Dissidenten ein Zehntel der Freiheit, die sein «volk von exnazis und ihren mitläufern» dem «deutschen dissidenten» Andersch gewährt.

Ich bin überzeugt davon, daß in der Bundesrepublik Deutschland viel Unrecht geschieht, wie in jeder Demokratie. Denn das Wesen der Demokratie besteht nicht darin, daß kein Unrecht geschieht, sondern in der Manier, wie auf Unrecht reagiert wird, und in der Chance für die Andersche und Böller und Zwerenzchen und Hochhüte und Bierleute, auf Unrecht hinzuweisen. Dazu müßten sie allerdings nicht in der Schweiz leben.

Ich hätte alle Bewunderung für jeden Kämpfer gegen jedes Unrecht, wenn er nicht so täte, als wäre er ein Kämpfer gegen einen Faschismus. Wenn er nicht eine völlig anders geartete politische Wirklichkeit (wie quälend und grausig sie ihm erscheinen mag) als Rechtsnachfolge der politischen Wirklichkeit namens Konzentrationslager, Gaskammer, Geheime Staatspolizei ansprüche. Wenn man nicht für Symptome von Hautkrankheiten in der Justiz, Verwaltung, Exekutive, Wirtschaft ein angebliches Krebsgeschwür verantwortlich machte.

Kann man sich vorstellen, daß Alfred Andersch geschrieben hat, der totalitäre Staat im Osten Deutschlands habe gewiß seine schauerlichen Seiten, aber immerhin hätten

Dummheit und Frechheit dort das Maul zu halten? Nein, das kann man sich nicht vorstellen. Warum? Weil Andersch an der DDR keine schauerlichen Seiten entdeckt? Nein, weil diese Gedanken nicht von Alfred Andersch formuliert worden sind, sondern von Herrn Dr. h. c. Thomas Mann in einem Brief an einen schwedischen Journalisten.

(Ich habe sie aus dem Gedächtnis zitiert.)

Thomas Mann ist der Ahnherr eines ganzen großen Pakets linker Andersche, nur daß er sie alle literarisch himalajahoch überragt.

So wie (das hat Heinz Friedrich erkannt) Walter Felsenstein der Großpapa der Theater-«Progressiven» war.

Es ist so merkwürdig, daß ein Trugschluß derart magische Macht auf Antifaschisten ausübt.

Erste Prämisse: Ich bin gegen Hitler.

Zweite Prämisse: Hitler ist gegen den Bolschewismus.

Schlußfolgerung: Also muß ich für (zumindest nicht gegen) den Bolschewismus sein.

Nur wer von Anfang an bei der KP war, kann sich von ihr lösen, von Koestler bis Dubček. Wer aber im Krieg seine Sympathien auf Grund seiner Antipathien entwickelte, kommt sich vor wie einer, der Verrat an den Antipathien begeht, wenn er die Sympathien revidiert. Siehe: Niemöller. Siehe: Thomas Mann. Siehe, siehe, siehe, siehe, siehe ...

In seinem schönen und trostreichen Appell «Vom zukünftigen Sieg der Demokratie» hat Thomas Mann den Nationalsozialismus und den Sowjetkommunismus noch als «feindliche Brüder» bezeichnet. Aber das hätte man nicht als bindend auffassen müssen, denn auch Heinrich und Thomas waren ja feindliche Brüder und dann wieder gute Freunde.

Thomas Mann war zuerst ein kritischer Bürgerlicher, wurde im Ersten Weltkrieg ein Nationaler, in der Weimarer Republik ein Republikaner, rückte weiter links bis in das Lager der deutschen Sozialdemokratie, wollte sich dann mit dem Nationalsozialismus arrangieren und «den Kontakt mit seinen Lesern nicht verlieren». Er hätte seine Mitläufer-Skatpartie im Dritten Reich mit Gerhart Hauptmann, Richard Strauss und Franz Lehár weitergespielt, wäre nicht die Universität Bonn offensiv geworden und hätte ihm den Doktor aberkannt. Da wallt' dem Deutschen auf sein Blut, und von Stund an war er gegen Hitler und sein Reich.

Er ging in die USA, er sprach im Radio zu seinen deutschen Hörern. Aber kaum war der Krieg zu Ende, schrieb er einen schrecklichen Brief nicht nur gegen das gestürzte Regime, sondern gegen alle, die in Deutschland geblieben waren und getan hatten, was er zehn Jahre vorher hatte tun wollen: den Kontakt mit Deutschen behalten.

Ein Leitbild, eine erträumte Schlüsselfigur des zukünftigen Sieges der deutschen Demokratie mußte demontiert werden. Mann über Bord.

Ich hätte mir nicht träumen lassen, daß ich einmal gemeinsam mit politisch vernünftigen Kollegen Thomas Mann bei einer Wiener Pressekonferenz nicht eben verehrungsvoll würde zu befragen haben. Ich bin mir bewußt, daß es einen erheblichen Größenunterschied immer gibt zwischen einem Großen, der irrt, und einem Kleinen, der recht hat. Aber um 1950 war große Verwirrung unter den Rechtdenkenden in Österreich, und gerade ich wurde von jungen Leuten gefragt, ob es denn denkbar sei, daß ein Thomas Mann, da er doch so leidenschaftlich gegen Hitler gewesen sei ... Also mußte ich gegen ihn schreiben.

Und dann kam die Äußerung in dem Brief an den schwedischen Journalisten, die antideutsche Haltung des großen Deutschen, die antidemokratische Wendung des großen Demokraten.

Und der große Deutsche siedelte sich am Zürichsee an. Und Zuckmayer, der große Deutsche, siedelte sich in Saas Fee an. Und Remarque, eine symbolträchtige Galionsfigur des deutschen Antifaschismus, im Tessin. Ernst Wiechert, vom nationalsozialistischen Regime verfolgt, übersiedelte, als die deutsche Demokratie sich selbst zu finden begann, in die Schweiz. Jaspers, Aushängeschild antifaschistischer Gesinnung, ging nach Basel.

Vorschlag für ein Bundeslied antifaschistischer deutscher Autoren: Denk' ich an Deutschland in der Nacht, dann bin ich in der Schweiz erwacht.

Nur Bertolt Brecht war seiner Gesinnung treu. Er übersiedelte in die Deutsche Demokratische Republik. Allerdings nahm er vorher die österreichische Staatsbürgerschaft an, um Devisenausländer zu sein.

Der Mond ist aufgegangen

Wenn mir in Leoben, Gmunden oder Wattens jemand auf den Fuß tritt oder mich fast umrennt, sage ich: «Höh!»

Wenn mir in Böblingen, Nackenheim oder Neuß jemand auf den Fuß tritt, sage ich: «Diese Deutschen!»

Sogar ich tendiere, im ersten Aufwallen, zur Verallgemeinerung. Auch der enttäuschte Liebhaber sagt: «Diese Weiber!» Gerade er.

Die Deutschen haben es nicht nur schwer mit sich, sondern auch mit uns.

Als man lange voneinander separiert gewesen war und endlich wieder zu ihnen konnte, war man so neugierig. Nicht nur wir. Alle. Die Feinde wie die Freunde wie die Neutralen. Man wollte wissen: Wie sind sie? Aber man erfährt ja nicht, wie sie sind. Nur wie der und wie die ist.

Ein Gehemmter – «Aha, sie schämen sich.»

Ein Lauter – «Aha, sie haben nichts dazugelernt.»

Ein Pazifist – «Aha, sie wollen, daß wir für sie kämpfen.»

Ein Wehrfreudiger – «Sie sind Europäer geworden.»

Oder aber:

Ein Pazifist – «Sie sehen's ein.»

Ein Wehrfreudiger – «Sie fangen schon wieder an.»

Sie – sie – sie – sie …

Es ist mit den Deutschen fast so geworden wie mit den Juden und den Negern. Jeder Einzelne ist wie ein repräsentativer Querschnitt. Man hat ihnen gegenüber die Unbefangenheit verloren. Man ist jedesmal wie zum erstenmal in ihrer Gesellschaft.

Man wirft ihnen vor, wofür sie nichts können. Schrecklich, diese deutschen Illustrierten! Und die französischen, italienischen, sogar die britischen? Das Fernsehen, die Unterwelt – ich bin persönlich beleidigt, als dürfte ich verlangen, daß sie viel besser seien als der derzeitige westeuropäische Durchschnitt.

Es gibt «sie» nicht. Nirgends. Es gibt allerdings einige wenige Konstanten. Wenn ich tausend Schweizer Uhren teste, und jede ist in Ordnung, sind «die Schweizer Uhren» in Ordnung. Wenn ich einen Tag lang aufmerksam durch Arles gehe und begegne nur besonders schönen Mädchen, sind «die Mädchen aus Arles» schön.

In diesem Sinn: Die deutschen Leute sind den Leuten aus den USA sehr ähnlich geworden, ohne daß sie's selbst recht wüßten, verdammt ähnlich. Sie haben die Verläßlichkeit, die Vertrauenswürdigkeit sehr weitgehend eingebüßt. Sie sind «hart». Sie gehören dem Augenblick. Sie lösen nicht mehr Arbeitsverhältnisse auf – sie feuern Angestellte und Arbeiter. Damit meine ich nicht den Ausdruck, sondern die Sache. Sie sind rücksichtsloser, unbedenklicher, gewissenloser als nötig. Stumpfer.

Aber auch das ist natürlich zu pauschal gesagt.

Vielleicht stimmt es eher so: Eine kopernikanische Wendung – was einst verläßliche Regel war, ist jetzt liche Ausnahme.

Vielleicht liegt es daran: Das deutsche Selbstbewußtsein ist aus der deutschen Katastrophe derart lädiert und kompromittiert hervorgegangen, daß aus dem, was als Bundesrepublik auferstand, keine … und jetzt hab' ich's schwer mit dem Vokabular – darf man's denn wirklich nicht mehr sagen? –, keine Heimat entstehen konnte, keine Gemeinschaft. Jeder ist nur er selbst. Der andere ist nur der andere. Sie sind Facharbeiter, Buchhalter, Fernseher, Städter, Bauern, Patienten, Studenten, Ehefrauen, Krankenschwestern, Buchhändlerinnen, Serviererinnen … sind sie Deutsche?

Man kann sagen «wir Franzosen», «wir Engländer», aber kann man sagen «wir Deutschen»? Gibt es das Einigende, Gemeinsame? Da doch noch dazu das Unglück mit der Teilung, das Unglück mit Berlin geschehen ist. Man ist Bayer oder Schwabe oder Niedersachse (ich weiß: das hat schon der Ernst Moritz Arndt gewußt) – ist man Deutscher? Auch Bonn ist ein Malheur.

Und, wie gesagt, das Malheur Brandt. Und Lübke, Heinemann – kein Präsident mehr nach Heuß eine Vaterfigur.

Jeder macht sich sein Deutschland allein, wenn überhaupt. Ich weiß nicht einmal, ob sie auf ihre Fußball-Nationalmannschaft so stolz sind, wie ich's an ihrer Stelle wäre. Und Rosi Mittermaier allein genügt nicht (obwohl als Bundespräsidentin … wer weiß …). Und wenn die DDR-Springer am besten skispringen, soll man auch auf sie stolz sein?

Zentralismus wäre schrecklich, ich weiß, aber Vereinigte Staaten auch, vor allem weil ja die meisten dieser Staaten keine sind, nicht von unten gewachsen, sondern töricht dekretierte Verwaltungseinheiten.

Ich möchte ihnen zu sich zureden, aber ich hätte es zu schwer. Denn ich weine um Rostock, Stettin, Königsberg, Breslau. Ich darf. Sie dürfen nicht. Ich spüre in Westberlin die Dekomposition, aber das dürfte ich, wenn ich als Aufwerter predigend durch ihr Land zöge, als Abraham a Sancta Germania, nicht verraten.

Was hätte ich ihnen zu bieten auf meiner Propagandatour für Deutschland durch Deutschland?

Daß Deutschland kein Nordirland geworden ist, daß der Revanchismus nur in der sowjetischen Sprachregelung, aber nicht in der Bundesrepublik vorkommt.

Und daß – ebenso aller Wahrscheinlichkeit zum Trotz – die jahrzehntelang massiv, intensiv und extensiv betriebenen ultralinken Aktionen im Grund (bisher!) nichts Wesentliches bewirkten.

Ich will sie aufbauen und aufwerten und zerfetze ihnen den Brecht, den Heine, den Wagner, den Thomas Mann, den Richard Strauss, ich annektiere den Beethoven und den Brahms – für wen und was kann ich die Werbetrommel rühren? Kann ich überhaupt?

Ja, ich kann. Den Hölderlin werde ich dem Mann auf der Straße nicht einreden können, den Benn auch nicht, aber den Lessing: den herrlich zivilen deutschen Offizier Tellheim, den rührenden religiösen Koexistenz-Apostel Nathan. Den Büchner. Mit dem Kleist tu' ich mich schwer, aber im Homburg müßte er Elend und Glanz des Preußischen würdigen lehren. Und die Gedichte von Mörike, von Eichendorff. Den ganzen lieben Storm. Den ernsthaften Morgenstern.

Den Hebbel vergessen wir lieber.

Aber den deutschen Shakespeare von Schlegel-Tieck und Konsorten.

Es kommt schon hübsch was zusammen, und ich möchte mich berichtigen. Sie haben auch Dichter, nicht nur Denker.

Nur schade, daß man in einer Zeit der Gesamtschule und der Fernseh-Omnipotenz das Eigentliche nirgends lernen, nirgends recht kennenlernen kann.

Sie kennen bestenfalls den Hesse, und den aus falschen Motiven.

Ich wiederhole mich? Macht nichts!

Ich will ihnen zu sich zureden, auf diesem Weg, der leider ein Umweg sein muß.

Sie dürfen miteinander auf ihre Vergangenheit im Wort stolz sein. Auf ihre Sprache, ja, das vor allem. Besser als auf Könige und gewonnene Schlachten.

Wenn man die Deutschen und die deutsche Sprache recht zueinander brächte, wäre alles gewonnen – träume ich. Es müßte einer auftreten wie Karl Kraus, aber ins Positive gewendet, nicht gegen die Presse, nur für Goethe.

Sie haben ein Goethe-Institut, das reich dotiert ist und die deutsche Kultur ins Ausland bringt.

Sie brauchten aber viel nötiger ein noch reicher dotiertes Goethe-Institut, das die deutsche Kultur, das die deutsche Sprache, das Goethe zu den Deutschen bringt.

Den haben sie vor allen voraus, weil er unübersetzbar ist. Im Bewußtsein dieses Privilegs müßten sie einander finden.

Das neue Goethe-Institut müßte Fernsehminuten kaufen. Täglich zwischen Tagesschau und Sport ein Gedicht. Oder das Märchen aus dem «Woyzeck». Fleming, Dach, Gryphius, Angelus Silesius, Paul Gerhardt, Claudius, gesprochen und dazu den Text zum Mitlesen eingeblendet. Brentano, Des Knaben Wunderhorn, Goethe, Goethe, Goethe.

Nicht eine Zeile von Schiller.

Unsinn, du siegst

Nicht eine Zeile von Schiller.

Goethe hat die deutsche Sprache gesegnet, Schiller ist ein Lesebuchautor.

Er ist alles das, was man den Deutschen vorzuwerfen pflegt, und er hat viel dazu beigetragen, daß man's ihnen vorwirft.

Schiller ist: Gretchenfrisur, Butzenscheibe, Rauschebart, Nichtswürdig ist die Nation, die nicht ihr Ichweißnichtwas hergibt für ihre Ehre, die Sonne ist mit Prangen, ich sei, gewährt mir die Bitte, flechten und weben himmlische Rosen ins irdische Leben – wie macht man das?

Ich weiß nicht, ob man ihn immer noch in den Schulen lehrt, wie man ihn in meiner Schule gelehrt hat – aber das ist auch gar nicht erheblich. Generationenlang hat man ihm so eindringlich und eindrücklich gehuldigt, hat ihn in die Gehirne posaunt und in die Gedächtnisse deklamiert, daß er sich als Erbmasse, als deutsche Erbsünde eingefressen hat in die Seelen.

Ihm eignet, was Karl Kraus dem Heinrich Heine vorgeworfen hat: die glatte, gefällige, klingelnde poetische Fertigware. Aktionslyrik, stark verbilligt.

Eine kaum erträgliche Vorstellung, daß Goethe und er sich zwecks gemeinsamen Verfertigens von Versen zusammengetan haben. Die sind auch miserabel genug ausgefallen.

Für die Zitate kann er nichts? O doch, er kann. Man schreibt eben nicht «Die Axt im Haus erspart den Zimmermann»!

Goethe wäre auch heute Goethe. Schiller wäre Werbetexter.

Die Treue ist doch kein leerer Wahn. Was denn sonst? Ein voller Wahn? Ein halbvoller Wahn?

Ein Vogt hat die Milch der frommen Denkart in gärendes Drachengift verwandelt. Milch in Gift, Milch in gärendes Gift, Milch der Denkart in gärendes Gift, Milch der frommen Denkart in gärendes Gift.

Wer zählt die Völker, nennt die Namen, die gastlich hier zusammenkamen? Kommen Namen zusammen, kommen Namen gastlich zusammen, kommen Gäste gastlich zusammen?

... und beschließt er (der Greis) im Grabe den müden Lauf, noch am Grabe pflanzt er die Hoffnung auf. Erst im, dann am. Wie kann ein begrabener Greis etwas am Grabe aufpflanzen?

Und entreißt die Keule dem nächsten gleich: «Um des Freundes willen, erbarmet euch!» und ohne die Reaktion auf seinen Wunsch nach Erbarmen abzuwarten: drei mit gewaltigen Streichen erlegt er.

In strengen Pflichten war ich aufgewachsen, in finsterm Haß des Papsttums aufgesäugt – in dieser Reihenfolge: erst gewachsen, dann gesäugt, im Haß des Papsttums gesäugt – erst die Pflicht, dann die Brust.

Apropos Brust: Denn aus Gemeinem ist der Mensch gemacht, und die Gewohnheit nennt er seine Amme. – Welcher Mensch kann im Stadium, da er eine Amme hat, diese nennen? Und wen nennt er seine Amme? Na, wen denn? Die Gewohnheit. An den Brüsten der Natur trinkt er Freude – was trinkt er an den Brüsten der Gewohnheit?

Mit einem Wort: Das Beste von Friedrich Schiller ist Rossinis Wilhelm-Tell-Ouvertüre.

Sag nie etwas Schlechtes über Max

Das Furchtbare an diesem Schiller ist (neben anderem), daß man darf. Er ist ein Idol, immer noch, man spielt ihn, aber ihn zu demontieren, ist keine Majestätsbeleidigung, kein Sakrileg. Man steinigt nicht die Steinigenden. Man darf. Aber:

Gesteinigt wird, wer an Brecht oder Richard Strauss und vor allem an Wagner oder Thomas Mann Hand anlegt. Das ist Majestätsbeleidigung, das ist Sakrileg. Je übler das Objekt, desto sakrileger der Kritiker.

Aber es scheint mir wichtig. Ich muß, von meiner Seite her, die Götzen einmal zerlegen. Das darf man doch nicht der Subkultur überlassen. (Und ich weiß nicht einmal, ob die nicht im Drogenrausch Wagner-Musik trällern.)

Der große Georg Kreisler (für eine Chansonplatte von ihm gebe ich Schillers sämtliche Gedichte) hat diese Tabu-situation, wie auch viele andere Schlüsselsituationen, in einem genialen Lied dargestellt. Es heißt «Max» und darf nicht mit dem «Max auf der Rax» verwechselt werden. Es gehört unter anderem deshalb in meine Nähe, weil Kreislers Max der Frisch ist und weil auch Kreisler gegen «Andorra» ist und weil das, was Kreislers «Andorra»-Parodie widerfuhr, zum Andorra-Syndrom gehört.

Max ist tabu. Man darf rauben und stehlen, Blinden-
hunde quälen, die Polizei bleibt ziemlich lax – aber «Sag
nie etwas Schlechtes über Max», denn «Max ist Max
und Max ist groß». Man darf Weltkriege riskieren,
darf sie sogar verlieren – aber «Sag nie etwas Schlechtes
über Max»! Man sei gegen Tennessee Williams (eh!) und
Miller, gegen Heine (eh!), Klopstock und Schiller (eh!),
gegen Goethe und Hans Sachs, aber Max ist groß und
Max ist Max!

Höre ich das Chanson, denke ich abwechselnd an Max
Frisch und Max Reinhardt und, da ich in Österreich zu
Hause bin, auch an Karl Marx. Man vernachlässigt bei
uns das R, man sagt «Faht», wenn man «Fahrt» meint,
«Stat», wenn man «Start» meint. Also kann man, wenn
man «Max» hört, auch Marx assoziieren.

Carl von Ossietzky hat Ähnliches einmal – in der «Weltbühne», glaube ich – über Brecht geschrieben. Ich konnte
die Stelle leider nicht finden, erinnere mich aber genau.
Damals war Brecht noch jung, erst jung und hoffnungs-
voll begabt, erst Zentrum einer Sekte. Er hat Gott gelä-
stert, das durfte er. Aber wehe, wenn man ihn lästerte.
Finde Luther, Hölderlin, Kleist nichts wert, aber sag nie
etwas Schlechtes über Bert.

Ich aber habe hiermit mein Lästersoll erfüllt, ich habe
gesagt, was zu sagen mich längst brannte, wie der Verleger mir's gestattete und wie das Gesetz, nach dem ich
angetreten bin, mir's befahl; und ich glaube kaum, daß
mir auf dem kurzen Rest meines Wegs noch etwas Größeres in dieser Hinsicht unterkommen wird.

Ich wollte: mir käme noch mehr Rühmenswertes unter. Ich wollte: ich hätte damals in Oldenburg die Fahrt unterbrochen und die Stadt besehen. Ich wollte: ich hätte damals in Wilhelmshaven einen Tag drauf gegeben. Denn an meinem Wilhelmshavener Tag lag der Schnee so hoch, daß sich noch in sechzig Jahren die ältesten Wilhelmshavener an diesen Tag erinnern werden. Und so kam ich durch mühsam freigemachte Schneeschluchten nur vom Bahnhof zum Theater, hielt dort vor klimatisch bedingt fast leerem Saal einen Vortrag über Nestroy, wagte von dort den Weg ins Hotel, von dort am nächsten Tag zum Bahnhof – und da war ich nun am Meer und sah es nicht und konnte nicht erforschen, was diesen von anderen Häfen derart unterscheidet, daß er kein Hafen, sondern ein -haven ist. Ich war auch nur außerhalb der passenden Jahreszeit in Niendorf und Travemünde ..., ich hätte eine große Reise dorthin machen müssen, und in den hohen Nordwesten à la recherche de Theodor Storm, ich hätte auch Helgoland sehen müssen.

Die deutsche Landschaft kann so schön sein, besonders wenn man von der Bundesbahn und der Autobahn abschweift und sich in den Neben- und Mittelstraßen verliert. Das deutsche Dorf scheint noch intakt (ich kann die Redensart von der «heilen Welt» nicht leiden, denn sie nimmt das, was sie zu behaupten vorgibt, nicht ernst genug).

Die mittlere deutsche Provinzstadt kann allerdings schauerlich sein, weil planlos, sinnlos, zufällig erneuert und dabei bereits wieder so katastrophal schäbig geworden, neurosenzüchtend, fast so gesichtslos und konfektioniert wie ein Häuserhaufen namens Stadt in den USA (nur daß dort die Wohngegenden reizvoll, baumreich, fast idyllisch sind und nur die Büro-, Fabrik- und Geschäftsviertel alptraumig).

Oder sie ist ein sogenanntes Schmuckkästchen à la Rothenburg und als solches an Horrorsphären der Souvenirbranche mahnend, schauerlich auf den zweiten Blick, wie aus dem Schaufenster einer Konditorei geholt, eine stehengebliebene Dekoration von der letzten Rothenberger-Show.

Und dann fährt man hinaus, wenn man kann. Denn die kleine Behörde hat in ihrem Machtbewußtsein aus einer großen Büchse Verkehrstafeln mit Verboten wahllos ausgestreut ... von der rechten Ecke hinüber zu der linken Ecke wären es zu Fuß nur ein paar Meter, aber fahren muß man um sieben Ecken ... und dann fährt man hinaus und ist getröstet und gesänftigt. Draußen ist dann auch dieses bewußte Restaurant, im Stil eines Gutshofs oder Schlößchens, überall draußen ist dieses Restaurant, wo die Generaldirektoren-Besucher von den Direktoren hingeführt werden, still, elegant, mit kunstvoll gestalteter Speisenkarte und stilvoll gekleidetem Personal und reichlich Platz, den Wagen zu parken. Hier regieren der Geschmack und der Wohlstand persönlich. Und ob ich freundlich oder höhnisch lächeln soll, wenn ich bedenke, daß die Genossen-Besucher von den Genossen Sozialdemokraten auch hierher gebeten werden – nein, ich denke nach und lächle freundlich aus Überzeugung. Denn dies ist die wahre Fortschrittlichkeit, und es konnte dem Land der Deutschen nur guttun, daß auch die Genossen genossen.

Essengehen kann in Deutschland köstlich sein. Nur Essen ist in Deutschland schwierig, ohne Pomp und Zeitaufwand essen, ohne besondere Weinflaschen, auch ohne die parvenuhaften importierten Exotika. Keine kleine Kneipe ohne Curry, Shrimps, Hawai, Ananas, Bananen. Wo bleibt der redliche Kalbsbraten, der rechtschaffene Schweinebraten, der wackere Rinderbraten? Wie weiche ich den traurigen Pommes frites aus? Welches Speiselokal bietet mir Süßspeisen?? Muß man zum Zweck des Nachtisches eine Konditorei aufsuchen?

Unvergeßliches Erlebnis in der Kantine des Süddeutschen Rundfunks. Ich aß irgendeine, sehr wohlgeratene Platte: Fleisch mit Beilage, wie sich's gehört. Ich fragte die liebenswürdige Servierdame: «Kann ich etwas Süßes haben?» Sie dachte lange und schmerzhaft nach, dann sagte sie: «Schwarzen Johannisbeersaft.»

Es ist ein Erlebnis angenehmster Art, in Deutschland Eßbares einzukaufen, in Metzgereien, in den Lebensmittelabteilungen großer Warenhäuser. Bekanntlich wird ja jetzt alles industriell hergestellt, nicht nur die Würste; auch die Schinken kommen vom Fließband, alles ist attraktiv vakuumverpackt. Zur Stunde, da ich dies schreibe, gibt es nur sie noch nicht, zur Stunde, da die Leser dies lesen, wird es sie in Deutschland gewiß schon geben: die fabriksmäßig hergestellten, vakuumverpackten Rühreier.

Und von da zu den vorverdauten Speisen ist's dann nur noch ein kleiner Schritt.

Ja, aber man möchte auch außerhalb der generaldirektorialen Lokale essen, an einem Tisch, in einem x-beliebigen Restaurant, nicht zu teuer, appetitlich, reell, ohne Cordon bleu, ohne Toast und Grill. – Suppe, Fleisch, Kartoffeln (die nicht nach Chlor schmecken), Kompott oder Süßspeisen. Keine Spezialitäten, kein Halbdunkel, nicht indisch, chinesisch, italienisch, westschweizerisch, nordisch, balkanisch, französisch, nicht Hühnerbraterei, nicht US-Hamburger oder -Cheeseburger, nicht in einer Milchbar oder einem Café, die auch Speisen hergeben, nein: in einem bürgerlichen Restaurant, einem Gasthaus, wo die Speisenkarte nicht gedruckt ist und nicht neckisch stilisiert ist, sondern von Tag zu Tag durch Vervielfältigung hergestellt wird, keine große Auswahl, aber mit ... verzeihen Sie das harte Wort, es wird nie wieder vorkommen! ..., mit deutschen Gerichten – das, was es in den gewissen bayerischen Bräus noch gibt, wo man aber an den Genuß des Bieres gebunden ist – Mensch, ist das schwierig!

Man findet eines – schwierig! – man findet Platz – schwierig! – man schmeichelt einen Kellner oder eine Kellnerin an den Tisch – schwierig! – man hat Übung im Gebrauch der serbokroatischen, griechischen, türkischen Sprache und etlicher arabischer Idiome; dann ist's nicht so schwierig, und man bestellt.

Aber bald merkt man, daß Speisenträger und Speisenträgerin miteinander und mit anderen Mitarbeitern des Etablissements zerstritten sind. Sie haben gerade heute ein entscheidendes Stadium des Konflikts erreicht, es herrscht Gewitterstimmung wie zwischen Ehepaaren bei Strindberg

oder zwischen expressionistischen Eltern und Kindern –
aber vielleicht ist das alles politisch akzentuiert, Trotz-
kisten gegen Maoisten oder Altsos gegen Jusos.

Da ist Milzsuppe, gefüllte Kalbsbrust mit Reis und To-
matensalat, Käsekuchen angekündigt und bestellt. Was
nützt's? Sie streiten.

Sie streiten so oft in aller Öffentlichkeit. Sie schimpfen
miteinander oder hören einander demonstrativ nicht zu,
wenn es um Ausübung des gemeinsamen Berufs geht, der
gemeinsame Ausübung erfordert.

Wo überall sonst sie streiten, kann ich nicht sagen. In
Apotheken und Parfümerien streiten sie nicht miteinander,
das traue ich mich zu behaupten. Oder sie streiten erst
nach Ladenschluß. In Warenhäusern sind sie gelegentlich muffig, aber kein Vergleich mit den Restaurants.
Sehr viel gestritten wird beim Fernsehen innerhalb der
Technik: Kamera, Beleuchtung, Ton, Requisiten, De-
korationen.

Das Fernsehen ist eine Institution, zu der es gehört, daß
in gebotener Eile zunächst nicht alles klappt, alsbald aber
doch alles halbwegs klappt. Man weiß es, man setzt bewußt Seelenruhe, Geduld, Freundlichkeit, Kollegialität
ein, als Betriebskapital sozusagen, wie der Sänger die
Stimmbänder einsetzt, der Graphiker Tusche, Federn,
Pinsel, Farben.

Gelegentlich ergibt sich ein Riesenkrach, das ist arg, aber
man einigt sich dann bald.

Entsetzlich aber ist das gewisse dauernde Stänkern und
Murren und Schimpfen, das Wetterleuchten ohne Gewit-

ter, die aggressive Unfreundlichkeit jedes Einzelnen gegen jeden Einzelnen. Fast jeder Mensch, wir wissen es, hat einen ganz besonderen Feind. Innerhalb deutscher Fernsehteams hat jeder lauter besondere Feinde.

Im Theater und im Hörfunk ist das nach meinen Erfahrungen nicht üblich, beim Fernsehen scheint es geradezu endemisch zu sein.

Wer zum erstenmal in so eine Baracke kommt (sie nennt sich Studio und ist sehr oft von unglaublicher Primitivität und Komfortlosigkeit, als wäre seit der Ära Harry Piels und Henny Portens in den Garderoben und sonstigen Räumen nichts geändert worden) – wer zum erstenmal in das bundesdeutsche Fernsehen gerät oder mit einem gastierenden Team außerhalb der Bundesrepublik zu tun hat, denkt: Da muß heute etwas Besonderes mit denen los sein – oder es ist Föhn. Doch weit gefehlt! – so ist es heute und täglich.

Und dann geht man mit ihnen in die Kantine und sitzt mit ihnen. Einzeln sind sie friedlich und verträglich, sogar sehr oft reizend. Arbeitende Deutsche, wie man sie sich gern vorstellt.

Auch die Kantinen sind sehr oft trostlos, alt-trostlos oder neo-trostlos. Und ihre Führung kann zweifacher Art sein. Da ist entweder eine rührende Ältere, ein Original, mütterlich, kontaktfreudig, etwas geschwätzig – oder es regiert 'n kesser Wirt mit seiner Mannschaft; und wenn er nur ein strenges Regiment führt und kein Schreckensregiment, haben die Gäste Glück.

Auch mit diesem Kantineur ist man verzankt – anscheinend mit Recht. Und so besteht der Alltag aus Unfrieden. «Ach, wissen Sie, bei uns –!» sagen sie, wenn sie einzeln sind; und man weiß nicht recht: Meinen sie die öde Kantine, die arge Arbeitsatmosphäre oder das ganze Leben?

Irgendwo in einem Studio habe ich eine Tafel gesehen «Umkleideräume für Kleindarsteller». Der Menschheit ganzer Jammer faßte mich an, denn ihre Würde war von der Studioleitung aus der Hand gegeben.

Ich kenne die Atmosphäre der Arbeitswelt nicht, aber ich glaube dem Max von der Grün und dem Günter Wallraff gern, daß sie trostlos ist. Ich glaube nur nicht, daß die ausbeutenden Kapitalisten schuld an der Trostlosigkeit sind.

Irgendwo in der deutschen Seele sitzt ein Virus und knabbert an ihr und macht unfroh, unkameradschaftlich, hektisch hysterisch, als wären nicht nur die Berliner, sondern alle eingesperrt und von Haftpsychose heimgesucht. Am wenigsten (wieder einmal) ist davon etwas bei jenen Bayern zu merken, welche Bayern sind. Und die echten Preußen ..., aber die gibt's ja nimmer.

Ich reise oft nach Deutschland, ich bin in Berlin zu Hause und in München fast zu Hause, ich bin ihnen nicht fremd, doch auch nicht zugehörig. Noch immer fühle ich mich für sie verantwortlich. Obwohl niemand mir das zumutet.

Manches ist noch so, wie's in meinen Urzeiten war, immer wieder die Postämter, gelegentlich auch nicht umgebaute Bahnhöfe: die Uniform im Dienst am Zivilisten. Die intakte Post gibt ein europäisches Gastspiel inmitten des Amerikanisierten. Die Polizei kann ich nicht beurteilen.

Ich suche im entstellten Antlitz die Züge meiner Jugendliebe. Warum kommt es mir nicht in den Sinn, wie damals, daß ich hier leben möchte?

Was damals nicht stimmte, was störte, was abzulehnen war, schien überwindbar: Flegeljahre der Republik, Nachkrieg, Wirtschaftskrise, das hätte schon nächstes Jahr besser sein können.

Was heute nicht stimmt, was stört, was abzulehnen ist, das ist so und bleibt so.

Wenn's nicht nächstes Jahr ärger wird.

Sie sind einzeln freundlich und verträglich, sehr oft reizend. Alle zusammen und miteinander können sehr arg sein, herzlos, hart, ruppig. Und jeder von ihnen wird, einzeln, sagen, daß alle sehr arg sind. Und alle sagen, daß alle herzlos sind, kalt, ruppig.

Die Deutschen sind fürchterlich, sagen die Deutschen.

So herrlich harmlos

Selbstkritik ist eine gesunde Eigenschaft.

Sie ist in Österreich verbreitet, in der deutschsprachigen Schweiz, sie ist in den Vereinigten Staaten von Amerika literarisch zu hoher Blüte gelangt. Dürrenmatts «Besuch der alten Dame», Arthur Millers «Tod des Handlungsreisenden» tragen durch Kritik der Schweiz und der Vereinigten Staaten zum Ruhm der Schweiz beziehungsweise der Vereinigten Staaten bei.

Wenn aber Selbstkritik entartet, wenn sie sich sozusagen zur Selbstkritik mit tödlichem Ausgang steigert ..., dann ist von Deutschland und den Deutschen die Rede.

Ist es eine Reaktion auf die längst verklungenen hohen Töne der Hurrapatrioten, eine Überkompensation (eigentlich: Unterkompensation) dessen, was Wilhelm der Zweite entwickelt und der Nationalsozialismus kopiert hat?

Die Folgen der übermäßigen kollektiven Selbstkritik:

Schon immer hat es die Deutschen zentrifugal gepackt, nicht nur die Emigranten im vorigen Jahrhundert. Deutsche Italiensehnsucht war sprichwörtlich – Goethe ist das große Beispiel. Deutsche mußten, so scheint es, Deutschland verlassen, um sich zu finden. Sie pilgerten nach Rom und meinten damit nicht den Papst, sondern den Süden und die Antike.

Im dritten Akt des zweiten Teils «Faust» vermählt sich der deutsche Intellektuelle Faust mit der Griechenkönigin Helena. Das Ergebnis ist ein Sohn, Euphorion, Erbe von Geist und Schönheit, von Weimar und Hellas. Er bezahlt den Höhenflug mit dem Tod. Also ein böses Urteil, banal gesprochen, über deutsche Reiselust. Andererseits aber ist die Begegnung des Deutschen mit der Antike gesegnet als Bestätigung der klassischen deutschen Dichtung.

Eben noch vor dem Palaste des Menelaos zu Sparta befindlich, sind Helena, ihre gefangenen Trojanerinnen und Faust in einem «inneren Burghof, umgeben von reichen, phantastischen Gebäuden des Mittelalters». Der Turmwärter Lynkeus spricht in gereimten Vierzeilern. Helena «wünscht' Unterricht, warum die Rede des Manns» ihr «seltsam klang, seltsam und freundlich. Ein Ton scheint sich dem andern zu bequemen, und hat ein Wort zum Ohre sich gesellt, ein andres kommt, dem ersten liebzukosen.» Der Reim fasziniert sie.

Faust freut sich darüber, daß ihr «die Sprache unsrer Völker» gefällt ... und findet es «am sichersten, wir üben's gleich:

     ... Die Wechselrede lockt es, ruft's hervor...
     ... es muß von Herzen gehn!
     Und wenn die Brust von Sehnsucht überfließt,
     Man sieht sich um und fragt –

Helena: wer mitgenießt.»

Helena reimt bald «Glück» auf «zurück» und «Hand» auf «Pfand».

Sie hat es erlernt, sie ersinnt alsbald schon Innenreime:

> «Ich scheine mir verlebt und doch so neu,
> In dich verwebt, dem Unbekannten treu.»

Das Klassische, bisher griechisch-römisch-antik, ist erneuert und erfährt die Renaissance im deutschen Wort.

Goethe konnte mit dem griechisch-römischen Visum auf seinen Papieren von seiner Italienreise heimkehren. «Iphigenie auf Tauris», bisher in poetischer Prosa, konnte mit gelassener Selbstverständlichkeit in deutschen Versen, in der «Sprache unsrer Völker», vollendet sein, «das Land der Griechen mit der Seele suchend».

Im Frühjahr 1940 bereitete das Zürcher Schauspielhaus den zweiten Teil des «Faust» in einem Augenblick vor, als die militärischen Erfolge der deutschen Wehrmacht ihren Höhepunkt erreichten. Man hatte allgemein das Gefühl: wenn die Premiere zustandekommt, ist das ein gutes Omen. Denn Teo Otto hatte das Stück zuerst für Berlin, dann für Wien vorbereitet, und beidemale war knapp vor der Premiere der Nationalsozialismus an die Macht gekommen.

Immer wieder ging jemand von der Probe hinüber in das kleine Restaurant, Nachrichten hören. Und kam jedesmal bestürzt zurück: Die Deutschen sind schon in ...

Ich war bei der Premiere. Als die Szene, in der Helena den Reim für sich erfindet, gespielt wurde, wußte ich, daß dieses Deutschland da auf der Bühne, nicht das Deutschland der an den Atlantik vordringenden Armee den Krieg gewinnen werde.

Der Drang, der Goethe nach Italien trieb, suchte Ergänzung, nicht Ersatz. Wen es aber später rastlos aus Deutschland hinaus drängte, der wollte nicht sich finden, sondern sich entgehen. Und es waren nicht die Paläste, nicht die Monarchen, nicht nur der Steckbrief, also Zwang zur Flucht, und es waren nicht Entartungssymptome zu Hause, es war «Deutschland», das die Deutschen flohen, als ob sie nicht mit dazu gehörten.

Nach dem Ersten Weltkrieg war da doch immerhin eine Republik, waren brave Politiker der SP, anständige Politiker der katholischen Zentrumspartei, da waren die antinationalistischen Kräfte im «Reichsbanner» zusammengeschlossen. Natürlich, ja, natürlich waren die Reaktionäre und Abenteurer und Putschisten aktiv – der Friedensvertrag von Versailles hat viel zu ihrer Ermunterung beigetragen. «Der Kaiser ging, die Generale blieben.» Und wer blieb nicht? Walter Mehring und Kurt Tucholsky, die prädestinierten Protestsänger der Weimarer Republik, gingen nach Paris. Die Generale blieben.

Ich kenne kaum ein deprimierenderes Buch als «Deutschland über alles» von Kurt Tucholsky. Denn da wird nicht der Militarismus, der Dünkel reaktionärer Richter, der Übermut der Ämter, der offen tolerierte Nationalismus angeprangert, sondern Deutschland. Da wird in der republikanischen Ära ein Deutschlandbild entworfen, als ob damals schon Papen an der Macht und Hitler ante portas gewesen wäre, da wird nicht um Deutschland, sondern gegen Deutschland gekämpft und dadurch einer Entwicklung Vorschub geleistet, die Deutschland so werden ließ, wie es vorwegnehmend abgebildet wurde. Nicht gesunde Selbstkritik, sondern unsinnig übermäßige Selbstvernichtung, Mitwirkung am Untergang durch falsche Perspektive.

Und dann, weil Hitler gewesen war und weil man sich reinwaschen wollte, wenn man nicht Widerstand betrieben hatte –

– weil man sich schämte für etwas, dessen man sich persönlich nicht zu schämen hatte –

– weil man sich und den anderen zeigen wollte, wie höllisch das alles gewesen war und man nichts damit zu tun gehabt hatte –

– tötete man Hitler in Permanenz weiter, als er schon tot war, sagte wieder «Deutschland» mit negativem Vorzeichen, als es dieses Deutschland längst nicht mehr gab.

Ein Sozialdemokrat beschimpfte einen Christdemokraten als «Kanzler der Alliierten» – als wären mindestens Mussolinis Italien und die Japaner vor 1945 seine Alliierten, als wäre es Kollaboration mit dem Feind, sich mit Frankreich, England und den USA zu verständigen.

Der angestaute und unterdrückte Haß gegen den totalen Staat stieg, als die Ventile sich öffneten, hoch empor und suchte Objekte und nannte, was er haßte, wieder Deutschland.

Eine Verfassung, «Grundgesetz» genannt, entstand und war so vernünftig und so über alles Vorhersehbare hinaus demokratisch, als wäre man in Bonn seit der Magna Charta in der Demokratie erfahren; sie wollte den Staat gegen vieles sichern, was der ersten Republik nicht gut bekommen war.

Allerdings konnte das Grundgesetz nicht verhindern, daß die Politik emotionalisiert wurde, daß man Opposition betrieb, als ginge es zumindest gegen Hindenburg und Hugenberg.

Und aus Asche und Ruinen war auferstanden, was in dieser Form nie gewesen war. Und die guten Farben Schwarzrotgold waren unumstritten. Der Hader zwischen Katholischen und Protestantischen sänftigte sich allmählich und ist heute kaum mehr erheblich. Und sogar die Kontinuität der belasteten Haydn-Hymne war durch einen Kunstgriff herzustellen. Ein Glücksfall von Verstand und Integrität: Theodor Heuß wurde pater patriae. Deutschlands Anschluß an ein Deutschland, von dem man bestenfalls hatte träumen können, schien vollzogen.

Da kamen die Dichter und Denker als ungebetene Richter und Stänkerer. Sie standen auf Atomwacht am Rhein. Sie predigten Kampf dem Atomtod, als wären die anderen für den Atomtod. Sie skandierten «Ohne uns». Sie marschierten gegen das Marschieren, zwei, drei. Sie unterschrieben Proteste. Sie trugen Spruchbänder «Wir warnen vor uns». Weil sie skeptisch gegen das Militär waren, wären sie die besten Soldaten geworden, aber das wußten sie nicht. Eine Armee von Zivilisten organisierte sich militärisch und trat an gegen die höchst zivilisierte Armee namens Bundeswehr, die gezwungen war, Inserate in großen Tageszeitungen zu veröffentlichen, um Soldaten zu suchen.

Deutschland war, wie Deutschland nie gewesen war, wie Deutschland gedacht und nie verwirklicht gewesen war. Die Erde war wüst und leer. Und Gott sprach: Es werde Deutschland. Und Deutschland stellte Deutschland ein Bein und fand den Hexenspruch von der unbewältigten Vergangenheit, und hatte *diese* Gegenwart und konnte sie nicht bewältigen.

«Identitätskrise» ist ein Modewort, aber mir fällt kein passenderes ein.

Wann waren, seit Erschaffung der Welt, Sieger je so emotionslos? Wann waren, seit Erschaffung der Welt, Beschenkte so undankbar?

Zum erstenmal seit dem Teutoburger Wald wäre deutscher Stolz auf Deutschland unverdächtig, berechtigt, erwünscht gewesen.

Weil man Hitler, Himmler, Streicher zu ihrer Zeit nicht hatte öffentlich beschimpfen dürfen, weil Affekte ungenützt auf Lager waren, beschimpfte man Konrad Adenauer, als wäre er Hitler, Himmler und Streicher in Personalunion mit einem Schuß Torquemada. Eine neue Generation übte sich in der Demokratie, indem sie geiferte, statt zu opponieren, indem sie «Deutschland» sagte, wenn sie die Regierenden meinte, indem sie berechtigte Einwände zum großen verallgemeinernden Nein steigerte. Sie waren immerfort so, wie man leider gelegentlich vor Wahlen ist.

Vielleicht war es auch dies: daß die Erwachsenen im Bombenkrieg, an der Front, im Gefangenenlager das, «was nachher kommt», derart idealisiert hatten und nun alle Maßstäbe verloren, als dies und das nicht ideal war. Man hätte sie belehren sollen, daß Paradies einerseits und Erkenntnis des Guten und des Bösen andererseits einander ausschließen.

Sie hatten jedenfalls keine Ahnung, was Demokratie bedeutet, was Freiheit bedeutet.

Zwist, Unrast, Zwietracht, Hysterie, verschärft durch die Entwicklung der neuen Diktatur drüben in der «Zone», als wäre nicht der gewaltige Flüchtlingsstrom, solange er nicht abgemauert war, Anschauungsunterricht genug, und die Revolte im Juni erst recht.

Nun wäre es denkbar gewesen, daß man eben gegen das «Bürgerliche» und für das «Linke» sein wollte. Und daß der Opposition alle Bundesgenossenschaft genehm war, sofern sie nur die Regierung diskreditierte.

Aber dann begann die Regierung der SPD, und die «Linken» opponierten und opponieren weiter.

Da «entstand eine Situation, die ein Novum ist in der Geschichte des Kabaretts: Die von den Kabarettisten nach Kräften unterstützte Opposition der Sozialdemokraten bekam die Regierungsgewalt. ... Der Wind hat sich gedreht. Er ist den Kabarettisten sogar aus den stolzen Segeln genommen worden. ... Die heutigen Kabarettisten müßten eigentlich hoffen, was sie als Allerletztes wünschen: daß die Rollen doch bald wieder vertauscht werden. Dann stimmen die Fronten wieder ...» (Werner Finck, 1976).

Aber dieser weise Finck ist ein weißer Rabe. Die Hauptmacht der Opponenten opponiert weiter. Sie müßte

Spruchbänder tragen: «Wir sind gegen uns!» Denn gegen die Union müssen sie derzeit nicht sein, gegen die «nach Kräften unterstützte» regierende SP dürften sie nicht sein, aber gegen irgend etwas müssen sie sein.

Sind sie Kommunisten? Nein, denn sie sind gegen die Kernkraft, und die Sowjetunion baut Kernkraftwerke.

Sind sie Maoisten? Nein, denn die Volksrepublik China unterstützt die EWG und hat außerdem auch Atomwaffen.

Sie sind bestens artikulierte, sprachmächtige, hochgebildete gefährliche arme Teufel.

Wäre Hitler so klug gewesen wie sie, er hätte sich für die deutsche Nachhitlerei nichts Besseres wünschen können als sie.

Zieht es die zahllosen Deutschen in den Urlaubsmonaten jetzt derart magisch aus Deutschland, weil sie ihnen entgehen wollen?

Ich begegne ihnen oft, den Deutschen außerhalb Deutschlands. Ich finde sie tief drin in unseren Alpentälern. Ich sehe ihre Wagen, die dort die kleinen steilen Straßen kaum erklettern können, ich sehe sie in primitivsten, freiwillig auf sich genommenen Lebensbedingungen der Natur nahe sein, und an den Kennzeichen ihrer Wagen rechne ich mir aus, wie viele hundert Kilometer sie durch Hitze und Autobahnhölle hierher Schlange gefahren sind, um sich von Deutschland zu erholen.

Ich bin immer wieder in der großen Halle an dem Kärntner See neben dem großen Campingplatz, Selbstbedienungsrestaurant, Einkaufszentrum, Tanzfläche, Spielautomaten. Hier ist alles verwirklicht, was die jungen Leute unserer Zeit genießen, ohne politischen Kampf, ohne Aggression. Hier sind die deutschen jungen Leute so, wie sie gemeint sind, heiter, entspannt, gar nicht sehr laut, so herrlich harmlos, in bewußter Lebendigkeit, sie essen, sie tanzen, sie lachen. Sie sind. Geselligkeit statt Kommunikation.

Ich bin viele Abende lang dort mitten unter ihnen gewesen, ich habe sie gesehen, war gerührt, und oft wunderten sie sich, daß ich sie ohne Anlaß so freundlich anschaute, ihnen zunickte, den Deutschen am Kärntner See, in den Tiroler Tälern. Und ich denke: Zu Hause habt ihr den Andersch, den Böll und den Zwerenz und die progressive Unterrichts-Mafia und die inkorrekten Berliner Politiker – und ich möchte aus lauter Sympathie an alle Frei-Gefrorenes und Frei-Germknödel verteilen lassen.

Sie haben eine Heimat, die man nicht mehr so nennen darf, ein Vaterland, das ihnen keines ist, in einem Land, das den Krieg verloren und die Stabilität gewonnen hat, das durch Wunder ohnegleichen wohlhabend geworden ist und alle naheliegenden Gefahren nachtwandelnd bewältigt hat. Ihr Regierungschef hat den Titel, den auch Hitler hatte. Und niemand stößt sich an dem kompromittierenden «Kanzler», und keine Assoziationen belasten die Kinder und Enkel der Wehrmacht.

Die «Erbfeinde» sind gute Nachbarn geworden. Die Gegner sind Schuldner geworden. Die Mark heißt immer noch so, und jede andere Währung beneidet sie.

Ein politisches Wunder, ein psychologisches Wunder, ein Währungswunder, ein Gesundungswunder, ein Aufbauwunder, erkauft nur um den Preis der einstigen Verläßlichkeit und Präzision und Organisationsgabe, also ein um so größeres Wunder.

Mit dem Militärgeist scheint auch die Disziplin geschwunden. Zweimal zwei ist in Deutschland: vier Ganze plus minus null Komma soundsoviel gebrochen durch dies und jenes. Der deutsche Indikativ zeigt deutliche Symptome von Konjunktivitis.

Von Tunesiern, Türken und anderen Gastarbeitern hat sich die deutsche Gründlichkeit gründlich infizieren lassen.

Aber ich sage nicht: Das ist Deutschland. Ich kenne so viele ehrliche, verläßliche, liebenswerte, redliche Deutsche.

Ihnen ist dieses Buch gewidmet.

Maria Enzersdorf am Gebirge (Niederösterreich)
Faak am See (Kärnten)
Juni–August 1977
Unverändert zum Druck befördert im Januar 1978

244

Rückblende

Das verhängte Fenster

Um unserm Glauben treu zu sein, müssen wir in Euch das respektieren, was Ihr in andern nicht respektiert habt. Wir wollen Eure Macht zerstören, ohne Eure Seele zu verstümmeln.

Albert Camus, Briefe an einen deutschen Freund

Wir dürfen nicht tatenlos abwarten, daß die Strafe Früchte trage, sondern müssen selbst Hand anlegen, um den Versuch zu machen, daß ein Deutschland erstehe, neben dem sich leben läßt. Dieses Deutschland kann man aber nur mit den Deutschen zusammen errichten.

Jean Schlumberger im «Figaro»

Wenn die große Reinigung von berufenen Händen geschehen ist, dann sollen wir den Haß begraben können und auch die deutsche Intelligenz wieder mitarbeiten lassen.

Walter Zöllner in der «Neuen Schweizer Rundschau»

Der zu Ende gegangene Weltkrieg wurde erklärtermaßen zur Überwindung des extremen Nationalismus geführt. Er endete mit der totalen Niederlage der Nationalisten, und Sache der Sieger wie der Besiegten ist es nun, die Konsequenzen daraus zu ziehen und mit der gleichen unerbittlichen Systematik, mit welcher der Feind strategisch vernichtet wurde, den Sieg auch geistig zu vollenden.

Wir Österreicher, in einer seltsamen, vielleicht glückhaften und verpflichtenden Zwischenstation zwischen Siegern und Besiegten, haben die besondere Pflicht, das Gebot der Zeit richtig zu erkennen. Wir sind uns dessen auch voll bewußt und berufen uns in vielen programmatischen Erklärungen mit berechtigtem Stolz auf die übernationale, weltoffene Tradition, die unsere Kultur seit langem auszeichnet. Nach Osten und Westen versuchen wir Brücken zu schlagen, öffnen weit die Fenster unseres beschädigten, ein wenig verwitterten Hauses, dessen Grundmauern aber heil geblieben sind, die Fenster im Parterre unten, die uns den Blick auf die Nachbarn geben sollen, und die hoch oben, die ins Weite, ins Freie führen. Gesellschaften zur Förderung wechselseitiger kultureller Beziehungen werden gegründet, Botschaften werden ausgetauscht, und schon kommen und gehen die ersten Boten. Die Erde wird trokkener und allmählich gangbar. Die große Flut ist zu Ende.

Daß das Fenster nach dem Süden noch nicht weit geöffnet ist, daß man vom Kulturaustausch mit Italien noch wenig hört, mit dem uns so vieles verbindet und verbinden muß, ist bedauerlich. Doch kann, darf und wird die Herstellung des Kontakts hier auf die Dauer keine Frage sein. Ein anderes Fenster jedoch ist verschlossen, vernagelt, verhängt – kein Lichtstrahl dringt herein und hinaus, und so unpopulär auch die bloße Erwähnung heute noch sein mag: es muß doch einmal von diesem Fenster gesprochen werden.

Ich meine das Fenster, das uns den Blick auf Deutschland freigeben soll. Ich weiß, daß man in Äußerungen dieser Art das Wort «ich» eleganterweise vermeidet und umgeht. Aber ich muß es diesmal aussprechen, um Mißverständnissen vorweg zu begegnen. Ich bin als «rassisch Verfolgter», der seine Heimat und Arbeit verlassen mußte, dessen Verwandte in großer Zahl in Theresienstadt und Polen umgekommen sind, wohl unverdächtig, durch eine solche Stellungnahme irgendwelche nationalsozialistische Propaganda zu tarnen. Gerade ich aber empfinde, gerade auf Grund dieser Unverdächtigkeit, das drängende Verlangen, ein Wort für die Deutschen zu sprechen. Ich bin kein Christ. Doch ich habe die tiefste Achtung vor dem Christentum und seinem großen Wort «Liebet eure Feinde!». In diesem Krieg ist es ebenso um mein Leben gegangen wie um das Christentum. Nun ist er durch jenen Frieden auf Erden beendet, der allen Menschen guten Willens am Herzen lag, und jetzt muß das Leben aller Menschen mit- und füreinander neu beginnen.

Wir Österreicher haben durch die Schuld von Deutschen unsagbar gelitten. Ich weiß nicht, ob jeder von uns diese Deutschen nun zu lieben vermag. Aber es geht ja auch nicht um jene, durch die wir gelitten haben. Österreicher haben in diesen Jahren auch durch Österreicher, Deutsche auch durch Österreicher gelitten. Gegen sie wird nach deutschem, österreichischem und neu erstandenem internationalem Recht vorgegangen. Die Deutschen aber, die heute an sichtbarer Stelle stehen (und wir wollen hier nicht die Politik, nur die Kulturpolitik im Auge behalten), sind unsere Freunde, unsere Brüder. «Die deutschen Brüder», das war einmal im österreichischen Sprachgebrauch eine leicht verächtliche Bezeichnung; doch soll nun das

Wort vom «deutschen Bruder» allmählich seinen wört-
lichen Sinn wiederbekommen. Wer heute in Deutschland
lehrt, schreibt, sich künstlerisch betätigt, ist genau wie
unsere Besten durch ein Inferno von geistiger Not und
physischer Bedrohung hindurchgegangen. Wer heute von
den alliierten vier Besatzungsmächten als deutscher Wis-
senschafter oder Künstler zugelassen ist, hat durch diesen
Umstand allein seine Legitimation als gesinnungsmäßig
einwandfrei erbracht. In den Konzentrationslagern hat
sich eine Gemeinschaft des Leidens gebildet, die keine
Rücksicht auf die Linie Passau–Freilassing nahm. In der
Emigration haben wir Österreicher uns in Kameradschaft
mit deutschen Emigranten zusammengefunden. Wo ist
diese Gemeinschaft heute noch fühlbar?

Wir hören durch gelegentliche Berichte vom Wiederauf-
leben der Kunst in Berlin, Hamburg, München, vom
Heidelberger Kreis um den Philosophen Jaspers und die
Zeitschrift «Die Wandlung». Wir hören von Stücken
neuer antifaschistischer Autoren, von Verlagsplänen. Wir
hören sehr wenig, aber was wir hören, muß uns mit leidenschaftlicher Anteilnahme erfüllen. Denn früher oder
später wird ja die Zeit da sein, in der ein Näherkommen,
eine Verständigung unausweichlich ist. Sollen – um nur
ein naheliegendes Beispiel zu wählen – unsere Verleger
und die deutschen Verleger die gleichen Werke neu druk-
ken und nur im eigenen Land verkaufen, in einer Zeit, wo
der gesamte Bestand der Weltliteratur in deutscher Sprache
neu betreut werden muß? Sollen Theater draußen und bei
uns zwar die gleichen angelsächsischen, französischen,

russischen und klassischen Stücke spielen, nicht aber hier die deutschen und draußen die österreichischen neuen Autoren? Allein aus der Praxis gesehen, wird die Verbindung kommen müssen, und Österreich wird von diesem Standpunkt aus bestimmt profitieren. Denn Österreich war im geistig-künstlerischen Bereich immer ein Export-, ein Überschußland. Es hat in normalen Zeiten immer mehr österreichische Journalisten und Schauspieler im Reich als deutsche bei uns gegeben. Durch konsequente dauernde Abschließung würden wir uns selbst auf die Dauer schädigen.

Aber es geht nicht allein um die wirtschaftlichen Erwägungen. Es geht auch nicht nur um den österreichischen Geist, der oft beschworen wird, wenn vom Neuaufbau die Rede ist. Ein guter deutscher Dozent an einer österreichischen Hochschule kann unter Umständen einem mittelmäßigen österreichischen vorzuziehen sein; denn der österreichische Geist gründet sich auf einen Qualitätsanspruch, eine geistige Höhe, auf Niveau und Universalität, nicht auf den Heimatschein; eine vollendete wissenschaftliche Leistung im Geist der «Wiener Schule» ist auch im österreichischen Geist getan, wenn ihr Urheber, wie viele Große der Vergangenheit, von draußen zu uns hergefunden hat. Jenseits von alledem aber geht es hier um das Allerhöchste, um die Zukunft des deutschsprachigen Kulturkreises. Dem gehören wir nun einmal unwiderruflich und unkündbar an. Und darum sollte das Wort «deutsch», das die Sprache Goethes und Adalbert Stifters umschließt, bei uns nicht länger den Klang eines Schimpfwortes haben.

Das Nationale hat ausgespielt. Wer immer noch Deutsches kollektiv ablehnt, erinnert fatal an den, der gestern ohne Ansehen der Person gegen das «Jüdische» war. Es gibt ja noch Ablehnenswertes genug, auch wenn die Geographie als Richtschnur fortfällt. Die Wahl zwischen Johannes Brahms und Gauleiter Eigruber dürfte aber auch dem extremsten Patrioten nicht schwerfallen. Deutsche Freunde, die bei uns wirken, sollen bekanntlich die österreichische Staatsbürgerschaft erhalten. Das ist erfreulich für sie und für uns. Aber auch jene, die Deutsche sind und bleiben, können unsere Freunde sein, müssen es werden.

Eine Ehe, unter Zwang geschlossen, ist auseinandergebrochen. Die Begleiterscheinungen waren mehr als unerfreulich. Soll man aber deshalb nur durch den Rechtsanwalt und durch Einschreibebriefe verkehren? Kann man nicht eine neue, distanziertere, aber aufrichtige menschliche Beziehung aufbauen? Es ist gemeinsamer Besitz vorhanden, der nicht verschleudert werden oder zugrunde gehen darf. Schon um seinetwillen muß man sich verständigen. Vielleicht ist es noch zu früh, das Fenster zu öffnen; doch nehmen wir wenigstens den verdunkelnden Vorhang ab und lockern wir die Bretter, die man drübergenagelt hat. Einmal wird auch durch dieses Fenster der Hauch des neuen Geistes ein- und ausziehen.

1946

Inhaltsverzeichnis